Theologische Impulse
Band 28

Neue Generation – neue Kirche

Eins in Christus durch alle Generationen?

Herausgegeben von:

Wilfried Haubeck
Wolfgang Heinrichs

SCM
Bundes-Verlag

SCM

Stiftung Christliche Medien

Der SCM Verlag ist eine Gesellschaft der Stiftung Christliche Medien, einer gemeinnützigen Stiftung, die sich für die Förderung und Verbreitung christlicher Bücher, Zeitschriften, Filme und Musik einsetzt.

© 2016 Bundes-Verlag GmbH, 58452 Witten
Internet: www.bundes-verlag.de; E-Mail: info@bundes-verlag.de

Soweit nicht anders angegeben, sind die Bibelverse folgender Ausgabe entnommen:
Lutherbibel, revidierter Text 1984, durchgesehene Ausgabe,
© 1999 Deutsche Bibelgesellschaft, Stuttgart.

Weiter wurde verwendet:
Gute Nachricht Bibel, revidierte Fassung, durchgesehene Ausgabe,
© 2000 Deutsche Bibelgesellschaft, Stuttgart. (GNB)

Umschlaggestaltung: Wolfgang de Vries, Wetter
Satz: Breklumer Print-Service, www.breklumer-print-service.com
Druck und Bindung: CPI books GmbH, Leck
Gedruckt in Deutschland
ISBN 978-3-86258-054-5
Bestell-Nr. 209.054

Inhalt

Vorwort
Wolfgang Heinrichs 5

Jugend – Kultur – Glaube
Eine kurze Skizze der heutigen Jugendgeneration
Tobias Künkler 7

Generation Y in meiner Gemeinde
Matthias Ehmann 26

Next Generation – Next Church
Gemeinde – Generation – Zukunft
Hansjörg Kopp 35

Gemeinde aller Generationen!?
Lars Linder 62

Gemeindeformen im Neuen Testament
Wilfrid Haubeck 71

Gemeindeformen im antiken Christentum
Andreas Heiser 80

Typisch FeG – Gemeinde aller Generationen!?
Raphael Vach 98

Gemeinde der Zukunft
Herausforderungen für die christliche Gemeinde
Johannes Demandt 105

Intergenerationelle Aspekte des pastoralen Alltags
Arndt Elmar Schnepper 115

Welche Gemeindestrukturen passen zu einem soziologischen Kontext?
Konstantin von Abendroth 128

Geistliches Leben in den Generationen fördern
Ein Kurzimpuls zu einem drängenden Thema
Christof Lenzen 134

Erwartungen der Generationen an meine Person oder wie gehe ich mit den Erwartungen unterschiedlicher Generationen an meine Person um?
Ernst Kirchhof 139

Einer neuen Generation dienen
Ziele für Jugendarbeit
Sebastian Straßburger 147

Über die Autoren 154

Vorwort

Wolfgang Heinrichs

Ob mit einer neuen Generation auch eine neue Kirche bzw. Gemeinde entstehen soll, ist umstritten. Augenfällig ist, dass die Kirchen in unserer Zeit vor neuen Herausforderungen stehen. Immer weniger Jugendliche sind offenbar bereit, sich an eine Institution zu binden. Indes ist gerade die Generation der Dreizehn- bis Dreißigjährigen, derjenigen also, die ihre Kindheit zurücklassen, aber noch keine eigene Familie gegründet haben, voller Fragen nach dem Sinn ihres Lebens. Religion bleibt deshalb auch heute für die jungen Menschen ein zentrales Thema. Gibt es aber für die Kirche noch eine reelle Chance, diese Generation zu erreichen? Ist dafür ein alternatives Kirchenmodell nötig, oder müssen nur einige überkommene Formen geändert werden?

Die Verfasser der Beiträge dieses Bandes stellen sich diesem Problem. Einig sind sie sich darin, dass wir in einer Zeit gewaltiger sozialer Umbrüche leben. Diese lassen einen Wandel auch in Bezug auf Werte, Religion und Gemeinde erkennen. Besonders die „digitale Revolution" veränderte in den letzten Jahrzehnten zunehmend die Gesellschaft. Ferner, dies trifft allerdings nicht nur für Jugendliche zu, fällt es in einer Multioptionsgesellschaft schwieriger sich festzulegen. Der Beruf und die Leistung für Geld bekommen verstärkt einen höheren Stellenwert als etwa das Engagement in einer Jugendgruppe. Neue soziale Kommunikations- und auch Verhaltensräume bzw. Milieus sind entstanden, die die Lebenswelt radikal wandelten und nun soziale Gruppen nach einer möglichen Umorganisierung fragen lassen. Ob und inwieweit diese von den einzelnen Gemeinden vor Ort vollzogen werden können oder müssen, ist, wie die einzelnen Beiträge zeigen, offen.

Dabei ist der jeweilige Schwerpunkt der Untersuchungen unterschiedlich gewählt. Die beiden ersten Beiträge von T. Künkler und M. Ehmann haben ihren Fokus auf den sozialen Wandel und ihre Relevanz für die Kirchen und Gemeinden gerichtet Aus soziologischer und pädagogischer Sicht werden die Herausforderungen der Gemeinden beleuchtet und darauf hingewiesen, dass traditionelle Begegnungsorte nicht unbedingt noch heute gelten und der Kirche insgesamt eine höhere Flexibilität abverlangt wird.

Die nächsten Betrachtungen von H. Kopp, L. Linder, W. Haubeck, A. Heiser, R. Vach und J. Demandt fragen gezielt nach dem Zusammenhang von biblischer Botschaft und gelebtem Glauben in der Gemeindepraxis. Welche Prämissen der Botschaft Jesu gelten und welche Lebenswirklichkeiten können davon abgeleitet werden? Immer wieder wird die Frage nach der Einheit der Gemeinde Christi gestellt, die auch eine Frage nach dem Zusammenleben der verschiedenen Generationen ist und ein Verständnis dieser füreinander voraussetzt. Einzelne Modelle neuer Gemeindeformen werden vorgestellt und diskutiert.

Wie der Pastor und mit ihm die Gemeindeleitung konkret agieren können, wird von A. Schnepper, K. von Abendroth, Chr. Lenzen, E. Kirchhof und S. Straßburger untersucht. In diesem dritten Teil des Buches werden recht unterschiedliche Erfahrungen aus der Praxis geschildert und je nach Gemeindesituation auch differenziert gedeutet. Konsens ist die Suche nach einem spirituellen Erfahrungsraum, der auf der progressiveren Seite zu alternativen Gemeindeformen führt, auf der konservativen Seite Tradition und Neues zu verbinden sucht. Allen Autoren eigen ist eine evangelistische Leidenschaft, speziell für die junge Generation. In der Verkündigung des Evangeliums, das alle erreichen will, wird der Kernauftrag der Kirche erkannt. So ist eine recht ansehnliche, engagierte und zugleich lösungsorientierte Sammlung von Einsichten erschienen.

Jugend – Kultur – Glaube

Eine kurze Skizze der heutigen Jugendgeneration

Tobias Künkler

Ziel dieses Aufsatzes ist es, basierend auf Befunden aus unterschiedlichen wissenschaftlichen Disziplinen eine Art Porträt der heutigen Jugendgeneration zu zeichnen. Was macht ihre Lebenswelt aus, und wie ist ihre Beziehung zu Religiosität allgemein und zum christlichen Glauben im Speziellen zu charakterisieren? Es ist eine Hilfe, zunächst verschiedene Ebenen der Prägung zu unterscheiden. Auf einer *ersten* Ebene gibt es gesellschaftliche Trends und Megatrends, die zwar die Gesamtgesellschaft prägen, die Jugendgeneration jedoch besonders (intensiv). Dies hängt zusammen mit einer *zweiten* Ebene, dem spezifischen generationalen Erfahrungshintergrund. Gesellschaftliche Ereignisse und Trends entwickeln aufgrund des unterschiedlichen generationalen Erfahrungshintergrunds eine sehr unterschiedliche Prägungskraft, wie die Debatte um die sogenannten „Digital Natives" zeigt: So ist es eben ein entscheidender Unterschied, ob man die virtuelle Welt des Internets als ca. 30-jährige Person kennengelernt und sich deren Logik mühsam angeeignet hat oder ob man bereits in eine Welt hineingeboren wurde, die schon immer online ist und quasi mit der Muttermilch eine voll digitalisierte Lebensweise erworben hat. Dieser Megatrend der *Digitalisierung* wird sich in jeder Generation unterschiedlich „herunterbrechen" und niederschlagen. Eine *dritte* Ebene betrifft die unterschiedlichen jugendlichen Lebenswelten. Denn so sehr man einerseits aufgrund des generationalen Erfahrungshintergrundes durchaus zeitdiagnostisch unterschiedliche Generationen unterscheiden sowie „typische Charakteristika" der heutigen Jugendgeneration benennen kann, so wichtig ist es andererseits zu beachten, dass sich bei einem genaueren Blick auf „die" Jugend ein differenzierteres Bild ergibt und sich zeigt, dass die heutige Jugendgeneration sehr unterschiedliche Lebenswelten bevölkert. In diesem Beitrag werden jedoch die ersten beiden Ebenen im Fokus stehen. Dazu erfolgt in einem ersten Schritt eine Skizze des sozialen Wandels entlang einiger besonders bedeutender Trends und Megatrends. In einem zweiten Schritt erfolgt auf diesem Hintergrund ein Porträt der heutigen Jugendgeneration mit besonderem Schwerpunkt auf der Rolle von Religion und Spiritualität.

Skizze des sozialen Wandels

Gesellschaften sind immer im Wandel begriffen. Jedoch ist der soziale Wandel der letzten Jahrzehnte besonders stark und rasant vonstattengegangen. Bevor dies analytisch durchdrungen wird, soll zunächst eine Veranschaulichung dieses rasanten Wandels aufgezeigt werden, die der populäre Philosoph Richard David Precht formuliert hat:

„Als meine Großeltern heirateten, hatten sie keine Wahl. Ihre Väter arbeiteten bei der Bahn. Sie verabredeten sich. Mariechen und Willi, fünf Jahre Altersunterschied, das passte. Es hielt zusammen, mehr als 50 Jahre; gepasst hatte es nie. Meine Großeltern hatten es sich nicht ausgesucht. Sie suchten sich ja ohnehin nichts aus: ihre Liebe, ihren Beruf, ihren Wohnort, ihren Arzt, ihren Glauben, ihren Lifestyle, ihren Telefonanbieter, ihre Community, ihre Peergroup und keinen Therapeuten. Die Kirche blieb im Dorf, die Ansprüche waren gering. Sie machten alle paar Jahre ein Kreuz auf dem Wahlzettel mit einer Pause zwischen 1933 und 1949. Meine Großeltern kannten Deutschland und Österreich, und die einzige große Reise meines Opas war der Krieg. Ob er nach Polen wollte, wurde er nie gefragt. Er protestierte nicht. Er hatte keine Wahl. Als meine Eltern heirateten, durften sie wählen. Sie kannten das Leben, aber nur ein bisschen. Sie heirateten früh, meine Mutter war 22. Das war 1960. Mein Vater brauchte nicht zum Militär, weil es ausnahmsweise keines gab. Dafür konnte er studieren und wurde Designer, was es in Deutschland noch nicht gab. Das Land wurde reicher und reicher … Meine Eltern reisten durch Westeuropa bis nach Marokko, flogen nach Südkorea und Vietnam. Sie versuchten ein alternatives Leben und trennten sich von den Werten ihrer Eltern. Sie traten aus der Kirche aus, kauften ein Eigenheim am Stadtrand, kamen in die Midlife-Crisis, erhielten eine Antenne für ein zusätzliches Drittes Fernsehprogramm und eine Fernbedienung. Sie freuten sich, dass sie in ihrem Leben wählen konnten, und scheiterten daran, dass es am Ende doch nicht ging. Als ich Abitur machte, gab es in Deutschland die ersten Videorekorder. Das war 1984. Telefone hatten noch eine Schnur und gehörten der Post. Das Land wurde immer noch reicher. Aber es gab eine Lehrlingsschwemme und schlechte Berufsaussichten auch für Studierte. Ich konnte meinen Studienort frei wählen und bald auch zwischen zehn Fernsehprogrammen. Ich konnte reisen, wohin ich wollte, nach 1990 sogar in den Osten. Ich musste lernen, einen Computer zu bedienen. Ich konnte mir meine Liebe aussuchen, meinen Beruf, meinen Arzt, meinen Glauben, meinen Lifestyle, meinen Telefonanbieter, meine Community, meine Peergroup und, wenn ich gewollt hätte, meinen Therapeuten."[1]

Die von Richard David Precht geschilderte Entwicklung zu einer immer größeren Wahlmöglichkeit in allen Lebensbereichen – Soziologen sprechen von *Multioptionalität* – hat sich noch weiter verstärkt. Statt einem Telefon bei der Telekom suchen wir uns heute ein Smartphone aus.[2] Aktuell sind ca. 800 verschiedene Modelle lieferbar. Um aus dieser unüberschaubaren Masse ein geeignetes Modell zu finden, helfen uns unzählige Smartphone-Vergleichsseiten im Internet. Solche Vergleichsseiten helfen uns auch, aus gegenwärtig mindestens 250 verschiedenen Handytarifen auszuwählen. Haben wir ein Smartphone und einen Tarif ausgewählt, geht es jedoch erst los: Jetzt muss man sich dafür entscheiden, welche Apps man installiert. Bei den beliebtesten Betriebssystemen gibt es gegenwärtig ca. 800 000 dieser Apps. Eine der Apps ist für Flickr, eine soziale Plattform, auf der man Bilder hochladen, teilen oder auch einfach anschauen kann. Dort werden jede Minute ca. 5000 Bilder hochgeladen, insgesamt befinden sich mittlerweile über 8 Milliarden Fotos auf Flickr. Wenn man sich jedes Bild auf Flickr für nur eine Sekunde anschauen würde, müsste man 253

---

1 Richard David Precht, Liebe: Ein unordentliches Gefühl, München 2009, S. 291f.
2 Gegenwärtig besitzen 86% aller Zwölf- und Dreizehnjährigen in Deutschland ein eigenes Smartphone; im Alter zwischen 16 und 17 Jahren wächst dieser Anteil auf 93%, vgl. MPFS, JIM-Studie 2015, Jugend – Information – Multimedia; in: http://www.mpfs.de/fileadmin/JIM-pdf15/JIM_2015.pdf, S.48.

Jahre leben, die in den 253 Jahren hinzugekommenen 660 Milliarden Bilder noch nicht mitgerechnet.

Es könnten jetzt noch viele Details benannt werden, um die Multioptionalität in den verschiedenen Lebensbereichen zu verdeutlichen und wie sich dieser Trend über die letzten Generationen hin immer weiter fortsetzt: bei der Partnerwahl, im Bereich Hobbys, Kleidung und Urlaub oder im Bereich Bildung und Beruf. Natürlich können wir nicht immer alles entscheiden und haben nicht immer und überall unzählige Optionen. Dennoch dürfte klar sein: So viele Optionen in so vielen Lebensbereichen gab es wahrscheinlich noch in keiner Gesellschaft zuvor. Das Leben in der Multioptionsgesellschaft würde wahrscheinlich in vielem für Menschen früherer Gesellschaften wie das Paradies klingen. Und tatsächlich hat das Leben in der Multioptionsgesellschaft sehr viele, sehr positive Seiten. Ich persönlich bin froh über viele Wahlmöglichkeiten, die ich in meinem Leben hatte und habe. Ich möchte nicht zurück in eine Zeit, in der mir das Fernsehen vorschrieb, wann ich was sehen kann, in der es nur einen Telefonanbieter gab und Ferngespräche unsäglich teuer waren, oder viel schlimmer: eine Zeit, in der ich den Beruf meines Vaters hätte ergreifen müssen und in der mir meine Ehepartnerin von meinen Eltern ausgesucht worden wäre.

Und dennoch hat das Leben in der Multioptionsgesellschaft viele problematische Seiten. Wir alle kennen das Sprichwort: „Wer die Wahl hat, hat die Qual!" Ähnlich prägnant formulierte auch schon der Soziologe Norbert Elias: „Größere Freiheit der Wahl und größeres Risiko gehören zusammen."[3] Diese Ambivalenz wird gut deutlich, wenn wir uns neben der Multioptionalität einen zweiten, eng damit zusammenhängenden Trend betrachten: den der *Individualisierung*.

Für uns ist es heute selbstverständlich, dass wir Individuen sind. Doch in der Antike und im Mittelalter gab es keine Individuen. Sicher waren sich die Menschen damals schon bewusst, dass jeder Mensch seine Eigenheiten hat, aber Menschen beschrieben sich noch nicht als Individuum, und es gab auch keinen anderen Begriff, „der besagte, dass jeder Mensch, gleichgültig zu welcher Gruppe er oder sie gehört,

---

3   Norbert Elias, Die Gesellschaft der Individuen, Frankfurt/M. 1991, S. 178.

eine selbstständige, einzigartige, von allen anderen Menschen verschiedene Person ist, und der zugleich die hohe Wertschätzung einer solchen Einzigartigkeit zum Ausdruck brachte."[4] Die Wir-Identität war somit wichtiger als die Ich-Identität, d.h. ein Mensch dieser Zeit begriff sich in seinem Selbstverständnis zunächst als Angehöriger einer bestimmten Gruppe, einer Gemeinschaft, eines Clans und dann in einem zweiten Schritt selbstverständlich auch als ein Einzelwesen. Das Wir, die Gruppe, war jedoch wichtiger und grundlegender als das Ich. Das zeigte sich dann auch entsprechend im alltäglichen Leben. Erst seit dem 17. Jahrhundert gab es Menschen, die sich als Individuum begreifen: Waren das zunächst noch wenige, meist gesellschaftlich gehobene und herausgehobene, verbreitete sich dieser Trend immer weiter. Bis in unserer Gegenwart, in der man das Ich-Ideal höher bewertet als das Wir-Ideal. Das Ich wird jetzt zum Maß aller Dinge. Diesen Prozess des Wandels der Wir-Ich-Balance – die Waage neigt sich immer stärker vom Wir zum Ich hin – nennen Soziologen die Individualisierung.[5]

Soziologen unterscheiden üblicherweise drei verschiedene Dimensionen von Individualisierung.[6] Die erste Dimension ist die *Freisetzungsdimension*. Im Laufe der Individualisierung sind die Individuen immer stärker freigesetzt worden: von den Festlegungen verschiedener Traditionen, von traditionellen Bindungen und festen Wir-Identitäten. Wo ehemals Schranken und Begrenzungen waren, sind Freiräume und Wahlmöglichkeiten entstanden. Aus der Normalbiographie, die den Menschen relativ fixe Lebensentwürfe vorgab (Schule, Ausbildung, Berufswahl, Heirat, Kinder, Hausbau), ist die Wahl- oder Bastelbiographie geworden: Nun muss jeder sein Leben selbst gestalten und sich aus unzähligen Wahlmöglichkeiten zusammenbasteln.

Individualisierung darf jedoch nicht auf diese Dimension beschränkt werden, denn als zweite Dimension gibt es auch noch die

---

4 Elias, Gesellschaft, S. 213.
5 Vgl. Elias, Gesellschaft, S. 167ff.
6 Die wohl bekannteste Individualisierungstheorie, von der auch die drei im Weiteren beschriebenen Dimensionen entstammen, hat der Soziologe Ulrich Beck entwickelt, vgl. Ulrich Beck, Risikogesellschaft. Auf dem Weg in eine andere Moderne, Frankfurt/M. 1986.

Entzauberungsdimension. Diese verweist darauf, dass die Aufgabe von traditionellen Sicherheiten und leitenden Normen zwar einerseits freisetzt, andererseits aber immer mit einem Verlust einhergeht. Denn Traditionen und Vorgaben geben immer auch Orientierung und stiften Sinn, und beides droht mit dem Traditionsverlust ebenfalls verloren zu gehen.

Zudem gibt es drittens auch noch die *Kontrolldimension.* Die Freisetzung von Gemeinschaften und Traditionen macht die Einzelnen nämlich umso anfälliger für andere Kräfte und Mächte, die auf diese einwirken. Eine mächtige Kraft ist beispielsweise die Macht des Marktes. Die durch die Individualisierung freigesetzten Individuen stehen gewissermaßen unter der Anklage des Marktes, vor ihm müssen wir unseren Wert erweisen, unseren Marktwert zuallererst. Der Markt steht somit symbolisch für unser ökonomisches System, das Druck auf uns ausübt und die individualisierten Menschen in Konkurrenz zueinander stellt. Denn vor und auf dem Markt sind wir alle Konkurrenten, ob wir wollen oder nicht. Individualisierung bedeutet also immer auch, neuen Formen von sozialer Kontrolle unterworfen zu sein. Nun kontrolliert uns nicht mehr die Tradition bzw. die Familie oder das Dorf, sondern der Markt. Zugespitzt formuliert wird heute der Einzelne dazu angehalten sich zu sich selbst zu verhalten wie ein Manager zu einem Unternehmen. Wir werden unser eigenes Humankapital. In einer hochindividualisierten Gesellschaft, in der sogenannte Normalarbeitsverhältnisse (volle unbefristete Stelle) immer weniger werden, in der eine beständige Finanzkrise herrscht und in der die moderne Mär vom beständig wachsenden Wohlstand ins Wanken gerät, entsteht somit ein beständiger Druck.[7]

Dies alles wird noch flankiert von einem weiteren Megatrend: der *Beschleunigung.* Wenn man heute Freunde oder Bekannte danach fragt, wie es ihnen gerade geht, dann sagen erfahrungsgemäß neun von zehn: „Ach, danke. Ganz gut. Ist gerade nur ein bisschen stressig." Und eigentlich wissen wir alle: Man kann das Wörtchen

---

7   Siehe dazu ausführlicher: Tobias Künkler, Diener Gottes oder Unternehmer seiner selbst? Glaube als Widerstand gegen die ökonomische Vernunft; in: Tobias Faix / Tobias Künkler (Hg.), Die verändernde Kraft des Evangeliums. Beiträge zu den Marburger Transformationsstudien, Marburg 2012, S. 252-270.

„gerade" streichen. Wo immer man sich umhört, klagen Menschen über Stress, Hektik und Zeitnot. Und obwohl wir in einer multioptionalen Gesellschaft so viele Optionen haben wie nie zuvor, beherrscht die Rede vom Müssen die Sprache vieler Menschen: „Ich muss noch das und das tun." „Ich muss noch schnell dahin." „Ich muss noch eben ..." Alle leben scheinbar nur nach ihren To-do-Listen und gehorchen der „Power of Deadline". Manche diagnostizieren daher sogar, dass in unserer Gesellschaft eine Zeithungersnot grassiert. Der Hunger nach Zeit führt zwar nicht zum Tod, aber dazu, niemals richtig zu leben anzufangen.

Nach Ansicht des Jenaer Soziologen Hartmut Rosa gibt es tatsächlich eine bedrückende Beweislast dafür, dass wir tatsächlich in einer Beschleunigungsgesellschaft leben.[8] Zunächst gibt es ganz offensichtlich eine technologische Beschleunigung. So hat sich in der Geschichte der Menschheit die Fortbewegungsgeschwindigkeit von Fußmärschen über das Reiten auf Pferden und die Zuhilfenahme von Kutschen, Segelschiffen, Dampfschiffen bis hin zu Zügen, Autos, moderner Schifffahrt und Flugzeugen von 15 auf mehr als 1000 km/h beschleunigt. Auch die Informationsübermittlung hat sich von Boten, Rauchzeichen, Brieftauben über Telegramme, Telefon bis hin zu E-Mails, Chatten, Facebook, Twitter und WhatsApp beschleunigt. Die entsprechende Technologie vorausgesetzt, können heute problemlos jederzeit Menschen überall auf der Welt miteinander in Echtzeit kommunizieren. Zugenommen hat hier nicht nur die Geschwindigkeit der Datenübermittlung, sondern auch die Menge der pro Zeiteinheit übermittelbaren Informationen.[9]

Die Beschleunigung im Bereich der Technologie führt dazu, dass sich auch der soziale Wandel beschleunigt. Denn mit neuen Technologien (wie dem Internet) gehen immer auch neue Berufszweige, neue Formen des sozialen Miteinanders (Web 2.0), neue Kommunikationsformen (E-Mails, Chatten), neue Verhaltensweisen im Alltag (z.B. wie man sich zum Geburtstag gratuliert) und sogar neue

---

8   Für eine ausführliche Diagnose zu Charakteristika und Ursachen der Beschleunigungsgesellschaft siehe Hartmut Rosa, Beschleunigung. Die Veränderung der Zeitstrukturen in der Moderne, Frankfurt/M. 2005.
9   Vgl. Rosa, Beschleunigung, S. 161ff.

13

Wahrnehmungs- und Denkmuster (Formen des vernetzten und nicht-linearen Denkens) einher. Mit anderen Worten: Die Gesellschaft verändert sich immer schneller, und neue Moden und Trends wechseln sich immer schneller ab. Dies zeigt sich beispielsweise an der Geschichte der gesellschaftlichen Verbreitung von Innovationen. Von der Erfindung der Schreibmaschine 1714 bis zu deren Verbreitung auf 50 Millionen Nutzer vergingen 175 Jahre. Von der Erfindung des Rundfunkgeräts Ende des 19. Jahrhunderts bis zu dessen Verbreitung auf 50 Millionen Empfänger vergingen noch 38 Jahre. Bei dem ein Vierteljahrhundert später eingeführten Fernsehgerät dauerte das nur 13 Jahre, und vom ersten bis zum 50 Millionsten Internetanschluss vergingen nur noch 4 Jahre. [10]

Diese Beschleunigung des sozialen Wandels führt zu einer gestiegenen Veraltensgeschwindigkeit. Aus unseren gemachten Erfahrungen ziehen wir üblicherweise Schlüsse für die Gegenwart und Zukunft und erhalten somit ein gewisses Maß an Erwartungssicherheit. Die Beschleunigung des sozialen Wandels führt aber dazu, dass aufgrund der wachsenden soziokulturellen Innovationsdichte unsere handlungsorientierenden Erfahrungen immer schneller veralten. Die Zeiträume, in denen wir mit einer gewissen Stabilität unserer Lebensverhältnisse rechnen können, verkürzen sich somit immer mehr. Schon Goethe lässt einen Charakter klagen: „Es ist schlimm genug … dass man jetzt nichts mehr für sein ganzes Leben lernen kann. Unsre Vorfahren hielten sich an den Unterricht, den sie in ihrer Jugend empfangen; wir aber müssen jetzt alle fünf Jahre umlernen". [11] Von fünf Jahren können wir heute nur träumen. So braucht nicht nur unsere Software ständig neue Updates, sondern auch wir selbst. Dies erzeugt auch einen ungeheuren Druck auf die Einzelnen, denn um auf dem Laufenden zu bleiben und den Anschluss nicht zu verlieren, müssen sie ihr Lebenstempo erhöhen. Denn Umlernen und Verarbeitung von Neuem ist immer zeitaufwendig.

So führen die technologische Beschleunigung zur sozialen Beschleunigung und diese zur Beschleunigung des individuellen

---

10 Vgl. Rosa, Beschleunigung, S. 176ff.
11 Eduard in: Johann Wolfgang Goethe, Die Wahlverwandtschaften. Ein Roman, Hamburger Ausgabe, München 1980, S. 35.

Lebenstempos. So gibt es tatsächlich empirische Hinweise darauf, dass sich nicht nur subjektiv das Lebenstempo beschleunigt und so das Gefühl von Stress, Zeitdruck und Zeitnot vorherrscht, sondern auch „objektiv". Sogenannte Zeitbudgetstudien weisen eine Verkürzung der durchschnittlichen wöchentlich verbrauchten Zeit für Essen und Körperpflege nach, die innerhalb nur eines Jahrzehnts um knapp zwei Stunden gesunken sind. Und Studien zum durchschnittlichen Gehtempo von Menschen in Städten zeigten nicht nur, dass die Menschen umso schneller gehen, je größer die Stadt ist, sondern auch, dass sich insgesamt das durchschnittliche Gehtempo innerhalb von 13 Jahren um 10% erhöht hat. Auch gibt es Hinweise dafür, dass sich die Formen unseres Erlebens verdichten: Dauerte ein Werbespot 1971 noch durchschnittlich 30 Sekunden, so heute nur noch 5 Sekunden. Und die Beschleunigung des Lebenstempos zeigt sich auch in Strategien der Zeitverdichtung: dem Power-Nap, der immer beliebter werdenden „Quality Time" (mit Kindern oder mit Gott), dem „Speed Reading" und Speeddating bis hin zu völlig absurden Formen wie dem „Drive-through funeral" (das es in den USA wirklich gibt).[12]

Der Teufelskreis der Beschleunigung schließt sich, weil Individuen und Organisationen auf die Verknappung ihrer Zeitressourcen mit dem Ruf nach technischer Beschleunigung (schnellere Verkehrsverbindungen, schnellere Computer, kürzere Wartezeiten) reagieren. Hinzu kommt, dass in einer kapitalistischen Wirtschaftsform das Erarbeiten und Ausnützen von Zeitvorsprüngen für Unternehmen zu Wettbewerbsvorteilen führt. Hier gilt das simple Motto: Zeit ist Geld. Außerdem ist unsere Wirtschaftsform auf beständiges wirtschaftliches Wachstum angewiesen. Ohne Wachstum bricht unser System in sich zusammen. Da Wachstum aber nur auf der Grundlage von vorangegangenem Wachstum erfolgen kann, sind wir dazu gezwungen, jedes Jahr mehr zu produzieren und mehr zu konsumieren als im vorangegangenen Jahr: Koste es, was es wolle.[13]

---

12 Vgl. Rosa, Beschleunigung, S. 195ff.
13 Vgl. Rosa, Beschleunigung, S. 243ff.

Porträt der heutigen Jugendgeneration

Wie schlagen sich diese Megatrends auf die heutige Jugendgeneration nieder? In diesem Abschnitt werden die wichtigsten Charakteristika der heutigen Jugendgeneration nachgezeichnet, die man aus empirischen Studien der interdisziplinären Jugendforschung gewinnen kann. Dabei konzentrieren wir uns auf eine Skizze der Charakteristika, die sich in mehreren Studien zeigen, nicht auf Detailergebnisse.[14] Zunächst zeigt sich fast durchgängig, dass die zuvor beschriebenen Megatrends sowie der damit einhergehende Wertewandel hin zu postmodernen Werten die Jugend besonders stark prägen. Viele Optionen zu haben und in einer hochbeschleunigten Gesellschaft zu leben, ist für sie die Normalität, in die sie hineinsozialisiert werden. Doch wie wirkt sich das aus?

Zunächst ist für die heutige Jugendgeneration eine starke *Gegenwartsorientierung* festzustellen. Zum einen gibt es einen Bedeutungsverlust der Vergangenheit, da man sich aufgrund des beschleunigten sozialen Wandels immer weniger an der Vergangenheit und den dort gemachten Erfahrungen orientieren kann. Zum anderen gibt es aber in einer postmodernen Gesellschaft auch einen eklatanten Mangel an gesellschaftlichen positiven Visionen für die Zukunft. In diesem Sinne bleibt nichts anderes als die Gegenwart, und ein gewisser *Pragmatismus* sowie ein mindestens moderater *Hedonismus* ziehen sich als Kernwerte durch diese Generation.

Das Mehr an Möglichkeiten führt zugleich zu einer gewissen *Orientierungslosigkeit* und dies wiederum zu einem *Regrounding*: In einer sich rapide wandelnden Welt, in der alles in Bewegung ist, suchen viele Jugendliche nach Halt, nach Entlastung und nach Zugehörigkeit.[15] Halt findet man jedoch vor allem in den primären Beziehungen, also familiären Beziehungen, Beziehungen zu Freunden sowie zu Partnern. In wahrscheinlich allen Zeiten waren primäre Beziehungen, wie der Name schon sagt, primär und damit von

---

14 Zentral hierfür sind sowohl die Shell-Jugendstudien sowie die Sinus-Studien der letzten Jahre sowie die Studie unseres eigenen Empirica-Instituts.
15 Vgl. Marc Calmbach u.a., Wie ticken Jugendliche? Lebenswelten von Jugendlichen im Alter von 14 bis 17 Jahren in Deutschland, Düsseldorf 2012, S. 40f.

grundlegender und existenzieller Bedeutung. In Zeiten, in denen alles in Bewegung ist und nichts sicher erscheint, sind diese primären Beziehungen jedoch noch einmal von besonders großer und besonders existenzieller Bedeutung. Sie sind das Einzige was einigermaßen Halt und Beständigkeit verspricht, und für nicht wenige Jugendliche sind diese primären Beziehungen auch die primäre Quelle für Sinn und Bedeutung.[16] Ein weiterer direkt aus den heutigen Lebensbedingungen ableitbarer Aspekt ist erlebter Druck. So berichtet eine große Mehrheit der Jugendlichen, dass sie mächtig unter Druck stehen. Sie erleben und berichten von Leistungsdruck, von Bildungsdruck, von Zeitdruck und von Flexibilitätsdruck. Sie wissen, dass sie ihr Leben selbst managen müssen, und eine gewisse Angst vor gesellschaftlichem Abstieg oder davor, an den Rand der Gesellschaft katapultiert zu werden, ist Normalität. Wie erwähnt, ist dieser Druck aus den gesellschaftlichen Verhältnissen heraus äußerst nachvollziehbar. Zugespitzt gesagt, müssen die Jugendlichen immer mehr Entscheidungen bei immer mehr Optionen treffen, können angesichts einer sich immer schneller verändernden Gesellschaft aber immer weniger voraussagen, welche Konsequenzen diese Entscheidungen haben werden, müssen jedoch immer mehr die Verantwortung für ihre Entscheidungen übernehmen. Denn Misserfolg oder Scheitern ist nach der Logik der individualisierten Leistungsgesellschaft unmittelbar bedingt durch schlechte Entscheidungen und/oder individuelle Fehler. Schuld ist immer das Individuum. War früher Arbeitslosigkeit in gewissem Sinne ein kollektives Schicksal (einer ganzen Klasse), so ist es heute Einzelschicksal und wird auf das Fehlverhalten der arbeitslosen Individuen zurückgeführt. Eine große Bank warb vor einigen Jahren mit dem Slogan: „Erfolg ist die Summe Deiner Entscheidungen." Und Karl-Heinz Rummenigge formulierte ähnlich: „Erfolg ist die Summe aller Anstrengungen". Diese Logik jedoch bedeutet: Misserfolg ist die Folge von falschen Entscheidungen und zu geringer Anstrengung. Vor diesem Hintergrund wird klar, warum eine individualisierte und

---

16 Vgl. Sarah Dochhan, Tobias Faix, Spiritualität von Jugendlichen. Pilotstudie. Im Auftrag des Amtes für Jugendarbeit der Evangelischen Kirche von Westfalen, Marburg 2012, S. 39ff.

beschleunigte Multioptionsgesellschaft Druck bei den Individuen produziert.[17]

Wie oben schon angedeutet ist die heutige Jugendgeneration eine eher pragmatische und entideologisierte Generation. Man konsumiert möglicherweise bewusst (kauft Bio- oder Fair-Trade-Produkte), jedoch übt man keine globale Konsumkritik oder möchte gar das System ändern. Entscheidend für (politischen) Aktivismus ist die Logik der Machbarkeit, d.h. das Verfolgen unmittelbar umsetzbarer Ziele. In der neuen Shell-Studie zeigt sich ein leicht angestiegenes politisches Interesse, zugleich gehen die politischen Aktivitäten aber leicht zurück. Zwar ist die Mehrheit mit der Demokratie in Deutschland zufrieden, zugleich sind sie äußerst politikverdrossen und bringen Politik und Parteien kaum Vertrauen entgegen.[18]

Dieser Pragmatismus und diese Entideologisierung zeigen sich jedoch nicht nur in politischen Präferenzen, sondern ganz grundlegend bilden sich in der heutigen Jugendgeneration neue Wertesynthesen, die nicht mehr der Logik des Entweder-oder, sondern dem Anspruch auf das Sowohl-als-auch verpflichtet sind. Sowohl für Vertreter alter, traditionell-konservativer Werte als auch für Vertreter neuer liberal-progressiver Werte erscheinen diese neuen Wertekonfigurationen oft widersprüchlich und inkohärent.[19]

So ist diese Jugendgeneration auf der einen Seite hyperindividualistisch, was sich unter anderem in der weiter sinkenden Bedeutung traditioneller Gemeinschaftsformen zeigt. Auf der anderen Seite gibt es eine große Sehnsucht nach Gemeinschaft und den schon oben aufgezeigten hohen Stellenwert primärer sozialer Beziehungen.

Ein neuer Grundwert ist zudem die „flexicurity", d.h. die ideale Mischung aus Flexibilität (flexibility) und Sicherheit (security), die in fast allen Lebensbereichen gesucht wird. Exemplarisch sei dies nur an einem Ergebnis der neuen Shell-Studie gezeigt: Jugendliche wollen geregelte Arbeitszeiten, die sie aber kurzfristig an eigene Bedürfnisse

---

17 Vgl. Calmbach u.a., Jugendliche, S. 41ff.
18 Vgl. Shell Deutschland (Hg.), Jugend 2015. 17. Shell Jugendstudie, Frankfurt/M. 2015, S. 153ff.
19 Vgl. Calmbach u.a., Jugendliche, S. 29f.

anpassen können, sowie die Möglichkeit zur Teilzeitarbeit, zumindest dann, wenn sie eigene Kinder bekommen.[20] Auf der einen Seite ist die heutige Jugendgeneration recht selbstbewusst. In der Arbeitswelt verlangen sie früh Mitsprache, da sie von klein auf Partizipation gewohnt sind. Zudem sind sie kritisch gegenüber traditionellen Autoritäten und sind gegenüber traditionellen Hierarchien eher einen wertschätzenden Umgang sowie Kommunikation auf Augenhöhe gewöhnt. Daher verlangen sie auch oft flache Hierarchien, und es wird ihnen nachgesagt, dass sie nicht nur gewohnt sind, Feedback zu bekommen, sondern auch (ungefragt) Feedback zu geben. Gleichzeitig mit diesem gesteigerten Selbstbewusstsein ist diese Jugendgeneration aber eine hochgradig angepasste Generation. Pragmatisch gewohnt, das Kleine im Hier und Jetzt zu verbessern (z.b. über Feedback), liegt es ihnen zugleich fern, das Große und Ganze („das System", „die Gesellschaft") zu verändern. Das zeigt sich auch darin, dass nicht wenige von ihnen ehrenamtlich und/oder sozial engagiert sind, zugleich ist für sie dieses Engagement aber auch selbstverständlich ein Teil ihrer Selbstoptimierung, d.h. man weiß, dass sich dieses Engagement auch im Lebenslauf auszahlt. Sie sind leistungsorientiert und suchen gleichzeitig neue Formen von Entschleunigung.

Jugend und Glaube

Welche Charakteristika sind aus der empirischen Jugendforschung über das Verhältnis der Jugend zu Religion und Spiritualität sowie besonders zum christlichen Glauben zu entnehmen?

Zunächst sollte festgehalten werden, dass Pluralität hier die neue Normalität ist. Die Jugendlichen sind in einer Gesellschaft groß geworden, in der das vielfältige Nebeneinander vieler Weltanschauungen und Religionen selbstverständlich ist. Damit verbunden ist die Möglichkeit, zugleich aber auch der Zwang des Einzelnen, sich für eine Weltanschauung frei entscheiden zu können bzw. zu müssen. Einher geht damit aber auch, was ich die „Exklusivitätsallergie" nenne,

---

20 Vgl. Calmbach u.a., Jugendliche, S. 133.

d.h. die Jugendlichen sind allem gegenüber mindestens skeptisch wenn nicht feindlich eingestellt, was den Anspruch auf eine universelle, alleinige Wahrheit erhebt.[21] In der neuen Shell-Studie zeigte sich, dass 82% der Jugendlichen die gegenseitige Anerkennung der Vielfalt von Werten und Lebensformen wichtig finden.[22]

Mit Pluralismus und Exklusivitätsallergie einher geht zugleich aber eine spirituelle Öffnung. Ca. 60% der Deutschen sind „spirituell Suchende",[23] und nach dem letzten Religionsmonitor der Bertelsmann-Stiftung sind 11% der Jugendlichen in Deutschland als Hochreligiöse und 41% als Religiöse einzustufen[24].

Die vorletzte Shell-Studie unterschied drei große Gruppierungen bezüglich des Verhältnisses der Jugend zur Religion. Eine erste Gruppe sind die Jugendlichen in den neuen Bundesländern. Hier spielen Religion und Spiritualität eine sehr geringe Rolle, ca. drei Viertel aller Jugendlichen in den neuen Bundesländern sind konfessionslos (nur 12% der Jugendlichen in den alten Bundesländern).[25]

Jugendliche mit Migrationshintergrund bilden die zweite Gruppe. Sie sind häufig religiös, weisen einen ernsthaften Gottesglauben auf, der eine (im langfristigen Trend wachsende) Lebensbedeutung für sie hat. Die Rede ist hier nicht nur von Jugendlichen muslimischen Glaubens, sondern auch von christlich-orthodoxen Jugendlichen aus Osteuropa – eine Gruppe, die nur allzu selten wahrgenommen wird. Die größte ist die dritte Gruppe, der sogenannte westdeutsche „Mainstream".[26] Diese Jugendlichen sind meist zwar konfessionell gebunden, aber nur schwach religiös. So stuft sich nicht einmal mehr die Hälfte der 14- bis 21-jährigen evangelischen Jugendlichen als religiös ein.[27]

---

21 Siehe auch Hans-Georg Ziebertz, Gibt es einen Tradierungsbruch? Befunde zur Religiosität der jungen Generation; in: Bertelsmann Stiftung, Religionsmonitor 2008, Gütersloh 2008, S. 80.
22 Vgl. Shell Deutschland, Jugend 2015, S. 183.
23 Vgl. Paul M. Zulehner, GottesSehnsucht. Spirituelle Suche in säkularer Kultur, Ostfildern 2010.
24 Vgl. Bertelsmann Stiftung, Religionsmonitor 2008, Gütersloh 2008.
25 Vgl. Shell Deutschland (Hg.), Jugend 2010. 16. Shell Jugendstudie, Frankfurt/M. 2010, S. 204ff.
26 Vgl. Shell Deutschland, Jugend 2010, S. 204ff.
27 Vgl. EKD, Engagement und Indifferenz. Kirchenmitgliedschaft als soziale Praxis. Hannover 2014, S. 62.

So sehr man angesichts der allgemeinen Lage der Religion heute eher von einem Bedeutungswandel und nicht einem einfachen Bedeutungsverlust der Religion sprechen kann und die klassische Säkularisierungsthese von immer weniger Religionssoziologen geteilt wird, so sehr gibt es in der heutigen Jugendgeneration recht deutlich einen Traditionsabbruch bezüglich des christlichen Glaubens. So wurde in der vorletzten Shell-Studie bilanziert: „Unbestreitbar sind die klassische Religiosität und ihre Lebensbedeutung bei den Jugendlichen des kulturellen Mainstreams Deutschlands weiter im Rückgang".[28] Und auch die Sinus-Studie 2012 fasst zusammen: „Jugendliche wachsen nicht mehr selbstverständlich in religiösen Zusammenhängen auf. Sie berichten nur selten von religiösen Ritualen oder Aktivitäten zur religiösen Bildung im Elternhaus. Die religiösen Wissensbestände sind bei fast allen Jugendlichen als entsprechend gering einzustufen."[29]

Nach den aktuellsten repräsentativen Daten aus der Shell-Studie 2015[30] finden 33% aller Jugendlichen in Deutschland den Glauben an Gott für ihr Leben wichtig. 29% glauben an Gott als eine Person[31] und 17% an eine unpersönliche, überirdische Macht. Nicht an Gott oder Göttliches glauben 26%, und 23% wissen nicht richtig, was sie glauben sollen.[32] 20% der Jugendlichen beten mindestens einmal pro Woche. Die Mehrheit der Jugendlichen sind also keine klassischen Atheisten, vielmehr ist knapp die Hälfte der Jugendlichen hier eher diffus, zum einen durch die, die einen wenig konturierten, ambivalenten Glauben an eine göttliche Macht (Licht, Kraftfeld, höhere Macht) haben, und zum anderen durch die, die nicht wissen, was sie glauben. Nicht wenige Forschende sprechen von einer großen Sprachlosigkeit oder religiösen Sprachkrise. Die klassische Semantik des Glaubens scheint für viele Jugendliche keine oder eine ganz andere Bedeutung zu haben – zugleich gibt es kaum alternative oder neue

28 Shell Deutschland, Jugend 2010, S. 205.
29 Calmbach u.a., Jugendliche, S. 81.
30 Vgl. Shell Deutschland, Jugend 2010, S. 257.
31 Hiermit wurde ein Abwärtstrend (2006: 30%, 2010: 26%) gestoppt. (Shell Deutschland, Jugend 2010, S. 257).
32 Immer mehr Jugendliche äußern sich nicht zu ihrem Glauben. Keine Angabe machten 2015 5% der Jugendlichen, 2006: 1%, 2010: 2% (Shell Deutschland, Jugend 2010, S. 257).

Begrifflichkeiten.[33] Beispiele dafür sind der Begriff der „Schuld", der sogar unter christlichen Jugendlichen immer weniger verständlich ist. Ähnliches gilt auch für deutlich positiv konnotierte Worte wie „Gottes Segen".[34]

Inhaltlich ist der Glaube von Jugendlichen neben der schon erwähnten Ablehnung von Exklusivitätsansprüchen vor allem durch eine starke Erlebnis- und Alltagsorientierung gekennzeichnet. Der Wunsch nach eigenen Glaubenserfahrungen ist groß,[35] zugleich haben die meisten Jugendlichen nur wenige Erfahrungen im spirituellen Gebiet, sodass viele Forschende von einem Erfahrungsmangel sprechen.[36] Entscheidend sind hier wieder der Pragmatismus und die Gegenwartsorientierung der Jugendlichen. Die entscheidende Frage ist: Welche Relevanz hat der Glaube für mein Leben? Was bringt er mir konkret im Hier und Jetzt, und wo hilft er mir bei der Alltagsbewältigung? Viele Jugendliche stehen dem christlichen Glauben entspannt bis indifferent gegenüber, weil er aus ihrer Sicht einfach nichts mit ihnen und ihrem Leben zu tun hat.[37]

Eine ähnliche Haltung gibt es auch zur Institution Kirche, selbst bei den Jugendlichen, die im christlichen Sinne gläubig sind – man spricht hier von einer zunehmenden Abkopplung des Glaubens von Kirche oder institutioneller Verfasstheit.[38]

So finden insgesamt zwar ca. zwei Drittel der Jugendlichen gut, dass es Kirche gibt, sie wird aber aus einer großen emotionalen Distanz heraus als irrelevant für den eigenen Glauben bzw. die eigene

33 Vgl. Dochhan/Faix, Spiritualität, S. 30ff.
34 Vgl. Andreas Feige, Carsten Gennerich, Was mir wichtig ist im Leben. Auffassungen Jugendlicher und Junger Erwachsener zu Alltagsethik, Moral, Religion und Kirche. Eine Umfrage unter 8.000 Christen, Nicht-Christen und Muslimen im Religions- und Politikunterricht an Berufsbildenden Schulen in Deutschland, Münster 2010, S. 196.
35 Vgl. Dochhan/Faix, Spiritualität, S. 74ff.
36 Siehe bspw. Boris Kalbheim, Ulrich Riegel, Hans-Georg Ziebertz, Religiöse Signaturen heute: Ein religionspädagogischer Beitrag zur empirischen Jugendforschung, Gütersloh/Freiburg 2003, S. 421f.
37 Vgl. Thomas Gensicke, Thomas, Jugend und Religiosität; in: Shell Deutschland (Hg.), Jugend 2006: 15. Shell Jugendstudie, Frankfurt/M. 2006, S. 203ff.
38 „Freikirchler" meinen häufig, die folgenden Kritikpunkte gelten nur für „Landeskirchen". Auch wenn einige Punkte sicher für Freikirchen tendenziell weniger stark gelten, kann dies pauschal keinesfalls gelten.

Sinnsuche erlebt. „Für Jugendliche ist Kirche zuvorderst eine ‚unnahbare' bzw. ‚menschenferne' Institution, zu der keine persönliche und v.a. keine emotionale Bindung besteht. Kirche wird häufig mit Reichtum, hierarchischer Führung, Sonntagsgottesdiensten, alten Frauen und kalten Kirchengebäuden assoziiert."[39] Religion und Kirche gelten ihnen „als eher langweilig, weil sie in der alltäglichen Lebensführung keine Rolle spielen".[40] Bei Sorgen im Leben sind Freunde und Familie eine Stütze, nicht aber die Kirche. „Die meisten Jugendlichen gehen davon aus, dass das Bedürfnis nach Sinnfindung von Kirche nicht befriedigt werden kann."[41] Kirche bleibt somit vielen Jugendlichen fremd, sie hat meistens auch bei ihren Eltern keinen hohen Stellenwert, und so kennen sie sie höchstens durch Pflichtbesuche (Weihnachten, Konfirmation, Firmung), bei denen sie aber keinen Zugang zur Kirche finden. Eine breite Mehrheit kritisiert „das ästhetische Erscheinungsbild von Kirche (festgemacht v.a. an Gebäuden, Gewändern, Kirchenmusik, Printmaterialien wie Gemeindeblatt) als langweilig und unmodern."[42] Auch die kirchliche Sprache bleibt ihnen fremd. Interessanterweise wird Kirche auch als kulturell und ethnisch wenig vielfältig wahrgenommen, sie „liegt somit quer zur Pluralität der jugendlichen Alltagsrealität".[43] Tendenziell ist bei ländlichen Jugendlichen der Kontakt zur Kirche noch größer, „weil in ihren Gegenden Jugendarbeit größtenteils kirchlich organisiert ist und die traditioneller orientierten Familienmitglieder in unmittelbarer Nähe, insbesondere Großeltern, größeren Wert auf die Weitergabe von Religion und kirchlicher Tradition legen".[44]

Durch Pluralisierung, Multioptionalisierung und Individualisierung kommt es insgesamt zu einer Flexibilisierung des Glaubens: Wie auch in anderen Lebensbereichen gibt es immer weniger feste Vorgaben durch die Tradition; wo es diese gibt, werden sie nicht mehr ungebrochen befolgt. Freigesetzt von Traditionen einerseits und verdammt

39 Calmbach u.a., Jugendliche, S. 79.
40 Calmbach u.a., Jugendliche, S. 80.
41 Calmbach u.a., Jugendliche, S. 80.
42 Calmbach u.a., Jugendliche, S. 80.
43 Calmbach u.a., Jugendliche, S. 80.
44 Calmbach u.a., Jugendliche, S. 81.

zum Zwang zur Wahl andererseits werden die Jugendlichen zu Sinn-bastlern, die Sinn individuell konstruieren müssen. Sinn wird als et-was erlebt, was nicht von außen kommt und passiv empfangen werden kann, sondern was man sich selbst geben muss und eigenverantwort-lich gestaltet werden kann.[45] Dadurch kommt es auch oft zu einer Art Patchwork-Glaube, in dem Elemente zusammengebastelt werden, die rein logisch nicht vereinbar sind. Ein besonders eindrückliches Bei-spiel für diese Art von Patchwork ist die Aussage der 15-jährigen Ja-nine aus der Empirica-Studie zur Spiritualität von Jugendlichen. Sie äußerte: „Ich bin gerne evangelisch, da es eine Konfession der Freiheit ist, in der sich Yin und Yang das Gleichgewicht halten."[46]

Eine andere Folge aus Pragmatismus und Flexibilisierung ist, dass Jugendliche, wenn sie sich überhaupt mit Religion aktiv beschäftigen, als religiöse Touristen bezeichnet werden können, d.h. „sie tauchen kurz und sporadisch in religiöse oder quasireligiöse Kontexte ein und nehmen die Angebote mit, die ihnen derzeit bei der Lebensbewälti-gung am nützlichsten erscheinen".[47] Hierin zeigt sich auch die viel beklagte Unverbindlichkeit von Jugendlichen, das Sich-nicht-festle-gen-Wollen. So viele Schwierigkeiten diese Unverbindlichkeit z.b. in der Jugendarbeit ganz praktisch bereitet und so moralisch problema-tisch diese an vielen Stellen auch sein mag, so sollte man aber doch wahrnehmen, dass diese Unverbindlichkeit zunächst schlicht die logi-sche Reaktion auf die gesellschaftlichen Verhältnisse ist, in denen Ju-gendliche heute groß geworden sind. Der britische Soziologe Richard Sennett fasste die gesellschaftlichen Erwartungen pointiert zusam-men: „Bleib in Bewegung, geh keine Bindungen ein und bring keine Opfer".[48] Unverbindlichkeit ist zunächst das Gebot der Stunde und die quasi natürliche Reaktion auf die sozialen Tatsachen der Gegenwart, da Verbindlichkeit gesellschaftlich eher bestraft denn belohnt wird und zudem in einer hochflexiblen, beschleunigten Gesellschaft eher praktische Probleme verursacht denn löst (aus Sicht des Individuums).

45 Vgl. Feige/Gennerich, Leben, S. 192.
46 Dochhan/Faix, Spiritualität, S. 19.
47 Calmbach u.a., Jugendliche, S. 78.
48 Richard Sennett, Der flexible Mensch, Berlin 1998, S. 29.

Ausblick

Zunächst ist zu betonen, dass für einen präziseren und differenzierten Blick auf die heutige Jugendgeneration die anfangs erwähnte dritte Prägungsebene, die der unterschiedlichen jugendlichen Lebenswelten und Milieus, in den Blick geraten müsste.[49] Sodann war dieser Beitrag ein Plädoyer dafür, die Charakteristika der heutigen Jugendgeneration vor dem Hintergrund des gesellschaftlichen Wandels zu verstehen. Erstens, um nicht bei bloßen Zahlen oder Schlagworten stehen zu bleiben, sondern um ein vertieftes Verstehen zu ermöglichen. Und zweitens, um gegen die quasi natürliche kulturpessimistische Sichtweise der Erwachsenen auf die Jugend, die traditionell defizit- und problemorientiert ist, eine zunächst auf Verstehen und Verständnis orientierte differenzierte Sicht zu schaffen. Dies meint nicht, einen romantisierenden Blick auf die heutige Jugendgeneration zu werfen, wohl aber einen ressourcenorientierten Blick, der bei allen Herausforderungen auch die Chancen und neu entstandenen Ressourcen wahrnimmt. Erst auf dieser Basis kann es m.E. gewinnbringend sein zu überlegen, wie für heutige Jugendliche das Evangelium in Wort und Tat kommuniziert werden kann und wie Jugendlichen glaubhaft verständlich gemacht werden kann, was das Gute an der guten Nachricht ist.[50]

---

49 Eine auch nur grobe Skizze der unterschiedlichen Lebenswelten hätte den hier möglichen Rahmen aber vollends gesprengt. Zudem gibt es dazu bereits hervorragende und aktuelle Literatur, die sogar kostenlos zugänglich ist: http://www.wie-ticken-jugendliche.de.
50 Zu ausführlichen Überlegungen zu Konsequenzen aus diesen Befunden, siehe Tobias Faix, Ulrich Riegel, Tobias Künkler (Hg.), Theologien von Jugendlichen. Empirische Erkundungen zu theologisch relevanten Konstruktionen Jugendlicher, Münster 2015 für eine eher akademische Auseinandersetzung sowie Udo Bußmann, Tobias Faix, Silke Gütlich, Wenn Jugendliche über Glauben reden. Gemeinsame Erfahrungsräume gestalten. Ein Praxisbuch für die Jugendarbeit. Basierend auf der empirica-Studie „Spiritualität von Jugendlichen", Neukirchen 2013 für sehr praktische Umsetzungsvorschläge.

Generation Y in meiner Gemeinde

Matthias Ehmann

Eine neue Generation in den Gemeinden

Fast jede Woche wird in deutschen Medien über Generationen geschrieben.[1] Egal ob es im Wirtschaftsteil um den richtigen Umgang mit einer neuen Generation Arbeitnehmer oder im Feuilleton um die kulturellen Eigenarten der heutigen Jugend geht. Regelmäßig rücken die nachwachsenden Generationen ins Blickfeld, wenn wahlweise eine neue Shell-Jugendstudie[2] oder eine Milieuanalyse des Sinus-Instituts[3] veröffentlicht wird. Neben der Lebensphase Jugend, die stets neu untersucht werden kann und neu untersucht wird, treten in der soziologischen Analyse von Geburtenjahrgängen immer wieder verschiedene Modelle von Generationen auf. Dieser Artikel befasst sich mit der sogenannten „Generation Y" und versteht darunter grundlegend die zwischen 1985 und 2000 geborenen Menschen.

Im Mittelpunkt steht dabei die Perspektive auf den Umgang mit dieser Generation im Raum Freier evangelischer Gemeinden. Es gehört zur Tradition und zu den theologischen Grundüberzeugungen in Freien evangelischen Gemeinden, dass jede neue Generation als zunächst „unerreichte" Generation eine Herausforderung für missionarische Gemeinden darstellt. Die Kinder von Gemeindegliedern werden nicht einfach selbst Gemeindeglieder, da Kinder von Christen nicht durch einen Automatismus selbst Christen werden. Die Generation Y ist dabei nur noch in ihren jüngeren Jahrgängen im Blick klassischer Jugendarbeit der Gemeinden. Gleichzeitig verlängert sich in unserer Gesellschaft die soziologische Jugendphase fortlaufend. Bis

1   Der Aufsatz basiert auf einem Einführungsreferat des Autors zum Workshop „Generation Y in meiner Gemeinde" auf der Theologischen Woche 2016 des Bundes Freier evangelischer Gemeinden in Ewersbach.
2   Shell Deutschland (Hg.), Jugend 2015. 17. Shell Jugendstudie, Frankfurt/M. 2015.
3   Marc Calmbach u. a., Wie ticken Jugendliche 2016? Lebenswelten von Jugendlichen im Alter von 14 bis 17 Jahren in Deutschland, Wiesbaden 2016.

Jugendliche und junge Erwachsene einer vollzeitlichen Erwerbstätigkeit nachgehen, eine Familie gegründet haben und eventuell sogar durch den Erwerb oder den Bau einer Immobilie sesshaft geworden sind, vergehen immer mehr Jahre, sofern diese klassischen Merkmale des Erwachsenwerdens überhaupt angestrebt und erreicht werden. Gleichzeitig weisen schon Jugendliche dieser Generation, etwa im Bereich der Mediennutzung und -gestaltung, Fähigkeiten auf, welche deutlich ausgeprägter sind als die der vermeintlich erwachsenen Generationen. Die damit einhergehende Statusinkonsistenz der Generation Y[4] findet ihren Ausdruck auch im gemeindlichen Umfeld. Die Generation steckt in weiten Teilen in einem Angebotsloch zwischen der klassischen Jugendarbeit und den Angeboten für junge Familien fest. Dabei ist anzumerken, dass verschiedene vorangegangene Generationen – auch in der gemeindlichen Praxis – Übergangsprozesse hin zur vollen Teilhabe an der Welt der Erwachsenen zu bewältigen hatten. Für Gemeinden ist damit die Herausforderung nicht neu, eine neue Generation in ihr gemeindliches Leben zu integrieren und dieses entsprechend zu verändern. Neu ist jedoch jede einzelne Generation mit ihren spezifischen Prägungen und Haltungen. Diese sollen im Folgenden knapp dargestellt werden.

Generation Y – Eine kurze Erklärung

Der aktuellen Generation zwischen Ausbildung und Familiengründung wurden verschiedenste Namen gegeben. Inzwischen hat sich jedoch die Bezeichnung „Generation Y" durchgesetzt. Damit wird auf die Zuschreibung angespielt, dass diese Generation besonders intensiv bisher geltende Grundsätze hinterfrage. Gleichzeitig grenzt sich diese Generation nicht durch scharfe Rebellion von vorangegangenen Generationen, etwa der der Eltern, ab.[5] In der medialen Wahrnehmung

---

4   Klaus Hurrelmann und Erik Albrecht, Die heimlichen Revolutionäre. Wie die Generation Y unsere Welt verändert, Weinheim 2014, S. 27-30.

5   Einige Forscher und Journalisten leiten daraus ab, dass es „Generationen" im eigentlichen Sinn als eine von vorhergehenden Generationen abzugrenzende Gruppe gar nicht mehr gibt. Einiges spricht dafür, dass Grenzen zwischen unterschied-

werden ihre Mitglieder daher immer wieder als weich, harmoniesüchtig oder unentschlossen abgestempelt.[6] Aber auch in der Selbstwahrnehmung der Generation Y findet sich diese Diskrepanz zwischen matter Anpassung und digitaler Avantgarde. Anne Wizorek, bekannt durch die Geschlechterdebatte, welche sie mit ihrem #aufschrei auslöste, beschreibt ihre Generation so:

„Meine Generation ist vor allem eins: beschäftigt. Wir sind das kleine weiße Kaninchen aus Alice im Wunderland, das stets in der Angst durch die Gegend huscht, irgendwo zu spät zu kommen und damit nicht alles zu schaffen. Wir sind »busy«. Und wenn wir nicht gerade »busy« sind, dann sind wir »müde«, weil uns das ständige Beschäftigtsein zu viel Kraft kostet. Meistens gibt es da noch nicht mal ein Entweder (busy) und ein Oder (müde). Vielleicht müssten wir also einfach davon sprechen, dass wir, nun ja, »müsy« sind? »Generation müsy« hieße es dann in den dazugehörigen Schlagzeilen statt »Generation Y«."[7]

Man muss dieser Einschätzung sicher nicht komplett folgen. Deutlich werden in dem Zitat dennoch verschiedene Aspekte, welche die Generation prägen. Diese Generation ist es gewohnt, beschrieben zu werden. Sie kennt die Etiketten, die ihr als Schulkinder durch die „Pisa"-Studie und später als erste Generation im Bologna-System aufgedrückt wurden. Und diese Generation reagiert auf ihre Umwelt häufig mit Ironie. An die Stelle des Streites und des Protestes tritt die Ironie als eines der prägenden Merkmale dieser Alterskohorte. Dabei ist auch klar, dass die Generation in viele Milieus, in regionale und ethnische Gruppen zerfällt. Obwohl man daher nur mit großer Zurückhaltung von „der" Generation Y sprechen kann, gibt es doch Ereignisse und gesellschaftliche Trends, welche die meisten Personen dieser Altersgruppe stark geprägt haben.

lichen Milieus heute ausgeprägter sind als Grenzen zwischen unterschiedlichen Generationen eines Milieus. Dennoch scheint auch die „Generation" als hilfreiche Perspektive auf soziale Prozesse weiterhin ein eigenes Erklärungspotenzial zu behalten. Zum Diskurs um die Existenz von Generationen siehe etwa: http://www.zeit.de/gesellschaft/2016-03/generationen-jugend-alter-sex-drogen-arbeit-kinder-vermaechtnis-studie (Zugriff am 2.5.2016).

6   Hurrelmann, Generation Y, S. 13-14.
7   Anne Wizorek, Generation müsy; in: Kursbuch 181 – Jugend forscht, hg. v. Armin Nassehi und Peter Felixberger, Hamburg 2015, S. 131-139, S. 131.

Nach Hurrelmann handelt es sich bei der Generation Y um die sechste Nachkriegsgeneration, welche die Jahrgänge 1985 bis 2000 umfasst.[8] Ihre prägenden Jugendjahre erlebte diese Generation zwischen der Jahrtausendwende und den letzten ein bis zwei Jahren. Eingerahmt wird sie durch die ihr vorangehende „Generation X", welche in Deutschland teilweise auch mit dem Begriff der „Generation Golf" bezeichnet wurde. Teilweise wird die nachfolgende Generation als „Generation Z" bezeichnet. Darin ist mangels schon zu bestimmender Merkmale dieser Generation in erster Linie eine Fortschreibung der Buchstabenfolge nach dem Alphabet zu sehen. Die hier beschriebene Generation Y umfasst also die heute zwischen 16- und 31-Jährigen. In ihrer Jugendphase erlebte die Generation eine Reihe von krisenhaften Ereignissen. Sowohl die Anschläge am 11. September 2001 und der anschließende „war on terror" als auch die Bankenkrise ab 2008, die Eurokrise ab 2010 und die Flüchtlingskrise in jüngsten Jahren waren prägend. Zeitgleich mit diesen globalen Verwerfungen und der medialen Darstellung von Krisenszenarien erlebte die Generation in der Mehrheit persönliche Stabilität, Sicherheit und Wohlstand.[9] Zur selben Zeit trat ein enormer technischer Fortschritt in den Kommunikationsmitteln ein. Die Digitalisierung, zunächst durch PCs, später durch Tablets und Smartphones, mobiles Internet und neue Kommunikationsformen wie Messaging und soziale Netzwerke haben das Leben der Generation geprägt. Sie kennt zwar noch die Zeit, in der das Internet nicht dauerhaft über mobile Endgeräte verfügbar war, kann aber trotzdem als erste digitale Generation betrachtet werden.[10]

Neben der hohen digitalen Kompetenz ist ein hoher formaler Bildungsgrad für diese Generation charakteristisch. Die Zahl der Studierenden in Deutschland ist von knapp 1,8 Millionen im Jahr 2000 auf

8   Hurrelmann, Generation Y, S. 17.
9   Man muss darin wohl ein Spezifikum dieser Generation in Deutschland sehen. Dieselben Jahrgänge erleben etwa im Süden Europas Massenarbeitslosigkeit, gerade unter jungen Menschen, oder im arabischen Raum politische Verwerfungen und häufig anschließende Bürgerkriege während und nach dem Arabischen Frühling.
10   Michael Haller, Was wollt ihr eigentlich? Die schöne neue Welt der Generation Y, Hamburg 2015, S. 33-34.

knapp 2,7 Millionen im Jahr 2014 angestiegen.[11] Da es der Generation nicht möglich scheint, ihren Lebensweg in die weite Zukunft zu planen, reagiert sie mit Investitionen in ihre Bildung. So scheinen ihnen Unwägbarkeiten der Zukunft am ehesten lösbar. Gleichzeitig wird der klassischen Karriere in dieser Generation weniger Wert beigemessen als in den Generationen zuvor. Stabile Beziehungen zu Freunden und zur Familie werden als bedeutsamer erachtet. In einem krisenhaften Umfeld sucht die Generation Y Stabilität bei Freunden und Eltern. Der überwiegende Teil der Generation strebt auch die Gründung einer eigenen Familie an.[12] Die Eltern werden dabei eher als Partner in komplizierten Zeiten und nicht als Konfliktparteien im Prozess des Erwachsenwerdens wahrgenommen.[13] Manche sehen in dieser Haltung zur Familie eine Art „Neo-Biedermeier“. Passender scheint die Beschreibung als „Egotaktiker“, wie sie Hurrelmann vornimmt.[14] In einem unsicheren Umfeld versucht die Generation Y, sich möglichst lange möglichst viele Türen offen zu halten. Dafür sucht sie den Schulterschluss mit den Verbündeten, welche sie finden kann. Meist sind das Eltern und Freunde. Mit deren Hilfe suchen sie in einem Netzwerk gegenseitiger Hilfeleistung auch den eigenen Vorteil. So verspricht sich die Generation relative Sicherheit und persönliches Fortkommen in einer unübersichtlichen Zeit mit extrem vielen Potenzialen, positiven wie negativen.

Generation Y und Gemeinde

Im deutschsprachigen Raum gibt es verschiedene Versuche, einzelne Generationen und Lebensphasen in ihrem Verhältnis zu Glaube und Gemeinde zu untersuchen und zu beschreiben. Die Studien des Sinus-Instituts werden unter anderem von Trägern katholischer Jugendarbeit in Auftrag gegeben. Die Bedeutung der Ergebnisse dieser Studien für

---

11 https://www.destatis.de/DE/ZahlenFakten/Indikatoren/LangeReihen/Bildung/lr-bil01.html (Zugriff am 1.5.2016).
12 Hurrelmann, Generation Y, S. 86.
13 Hurrelmann, Generation Y, S. 100-104.
14 Hurrelmann, Generation Y, S. 31.

die kirchliche Arbeit wurde inzwischen auch auf protestantischer Seite erkannt.[15] Darüber hinaus gibt es in der empirischen Theologie schon länger Versuche, etwa das Gottesbild von Jugendlichen zu beschreiben[16] und für die evangelische Jugendarbeit fruchtbar zu machen.[17] Besondere Aufmerksamkeit erlangte im Raum Freier evangelischer Gemeinden dabei eine Studie, welche sich mit dem Glaubensverlust von jungen Erwachsenen, also überwiegend der Generation Y, beschäftigt.[18] Alle Ergebnisse dieser Studien in Hinblick auf die Generation Y zusammenzufassen, übersteigt den Anspruch dieses Artikels. Einige Grundlinien des Verhältnisses von Generation Y und Gemeinde sollen jedoch aufgezeigt werden.

Zwar stellen die verschiedensten kirchlichen und gesamtgesellschaftlichen Studien fest, dass Jugendliche und junge Erwachsene durchaus Interesse an „Glaube" haben, allerdings gilt es dabei zu beachten, dass unter „Glaube" nicht immer ein auf Gott oder gar auf einen persönlichen wie den christlichen Gott bezogener Glaubensvollzug gemeint ist.[19] Man kann also in der Generation Y durchaus von einem neuen Interesse an Religiosität und Glaube ausgehen, wie es auch in den Medien immer wieder thematisiert wird. Allerdings sind damit kaum traditionelle Inhalte und Formen des christlichen Glaubens gemeint. Gleichzeitig ist ein Teil der Generation Y, welcher diesen Glauben früher praktizierte, von diesem enttäuscht. Dafür gibt es viele Gründe und keine einfachen Lösungsansätze. Wege könnten in der Stärkung eines mündigen Glaubens und der Prävention gegenüber verschiedensten Formen des Missbrauchs im Kontext von Kirche liegen.[20] Ein grundsätzliches Interesse an Transzendenzerfahrung, an intensiven Gemeinschaftserlebnissen und sinnstiftendem Engagement

15 Heinzpeter Hempelmann, Gott im Milieu. Wie Sinusstudien der Kirche helfen können, Menschen zu erreichen, Gießen ²2013.
16 Tobias Faix, Gottesvorstellungen bei Jugendlichen. Eine qualitative Erhebung aus der Sicht empirischer Missionswissenschaft, Berlin 2007.
17 Udo Bußmann, Tobias Faix und Silke Gütlich (Hg.), Wenn Jugendliche über Glauben reden. Gemeinsame Erfahrungsräume gestalten, Neukirchen-Vluyn 2013.
18 Tobias Faix, Martin Hoffmann und Tobias Künkler, Warum ich nicht mehr glaube. Wenn junge Erwachsene den Glauben verlieren, Witten 2014.
19 Bußmann, Jugendliche, S. 148.
20 Faix, Warum, S. 173.

ist in der aktuellen Generation junger Erwachsener vorhanden. Dabei fällt auf, dass sich Angehörige der Generation Y häufig gerne ehrenamtlich einbringen, dafür aber auch einen eigenen Nutzen erwarten. Dies ist in der gemeindlichen Arbeit mit dieser Generation zu beachten. Reine Appelle, dass eine Aufgabe doch unbedingt jemand machen müsse, werden diese Generation nicht erreichen. Demgegenüber werden aber etwa Zeugnisse für Bewerbungsunterlagen für einen Mitarbeiter der Jugendarbeit wichtiger. Gleiches gilt für die Mitarbeit bei Großveranstaltungen. Hier bieten das Bundesjugendtreffen oder der FeG-Kongress die Chance, wertvolle Erfahrungen zu sammeln, und dementsprechend lassen sich leichter Mitarbeiter finden. Gleichzeitig ist die Generation weniger als vorangegangene Generationen bereit, für ihre Interessen zu streiten. Zudem dürften sie in der Gemeinde zahlenmäßig häufig die kleinste Gruppe der Mitglieder darstellen. Personen aus dieser Generation suchen überwiegend Partnerschaft statt Resistenz. Da auch andere Organisationen ihre ehrenamtliche Tätigkeit schätzen, sind sie häufig nicht bereit, in der Gemeinde für ein Projekt zu kämpfen. Sie suchen sich eher andere Partner, welche sie mit offenen Armen empfangen. Das stellt eine Herausforderung im gemeindlichen Alltag dar, besteht doch eine Spannung zwischen der Notwendigkeit inhaltlicher Auseinandersetzung und dem Wunsch nach unkomplizierter Partnerschaft. Viele Personen der Generation Y dürften die Gemeinde eher relativ still verlassen, als lautstark für ihre Interessen zu kämpfen. Dabei bestehen Konflikte nach meiner Beobachtung[21] häufig zwischen Angehörigen der Generation X und der Generation Y. Die Elterngeneration der Babyboomer hat dagegen weniger Reibungsflächen mit der Generation Y.

Insgesamt verfügt die Generation Y im Schnitt über viele Fähigkeiten. Sie sind es gewohnt zu präsentieren. So fallen etwa Auftritte auf Bühnen dieser Generation im Mittel etwas leichter als den Generationen davor, schließlich hatten sie mit Casting-Shows entsprechende

---

21 Der Autor ist Pastor der CityChurch Würzburg. Diese Gemeinde besteht überwiegend aus Personen der Generation X (1970-1985) und zu kleineren Teilen aus den Generationen der Babyboomer (1955-1970) und der Generation Y (1985-2000). Der Autor arbeitet in der Gemeinde im Schwerpunkt mit Personen aus der Generation Y und hat mit ihnen das Projekt „AbendKirche Würzburg" gestartet.

Vorbilder und mit Singstar die Trainingsmöglichkeiten in ihren Teenagertagen. Gleichzeitig nehmen viele Mitarbeiter, besonders in der Arbeit mit jungen Erwachsenen, wahr, dass diese sich erst extrem spät verbindlich für etwas entscheiden. Das betrifft sowohl die Übernahme einer bestimmten Aufgabe als auch die Teilnahme an Veranstaltungen. Die immer späteren Anmeldehöhepunkte bei Großveranstaltungen wie dem Bundesjugendtreffen belegen das. Diese Entwicklung ist auf die Egotaktik der Generation Y zurückzuführen. Durch die Digitalisierung sind sie einer extrem großen Auswahl ausgesetzt. Da sich nicht abschätzen lässt, welche Veranstaltung oder welches ehrenamtliche Engagement am sinnvollsten erscheint, wird die Entscheidung darüber möglichst weit hinausgezögert. Grund dafür ist kein böser Wille, vielmehr steht dahinter eine Taktik der Alltagsbewältigung. Die gemeindliche Arbeit mit dieser Generation muss dem dahinter stehenden Entscheidungsdruck Rechnung tragen. Vielleicht gelingt es ihr sogar, Freiräume und damit Entlastung von diesem Druck zu schaffen. So meinte eine Studierende aus der AbendKirche Würzburg: „Das ist auch gut, dass es in dem Keller, in dem wir Gottesdienst feiern, kein Handynetz gibt. Dann ist man nicht so abgelenkt und für ein, zwei Stunden ist das auch mal ganz chillig." Gleichzeitig gewinnt die digitale Kommunikation der Gemeinde erheblich an Bedeutung. Das Gemeindehaus, der Gemeindebrief und Gemeindefächer werden weit weniger als Kommunikationsmedium der Gemeinde in Anspruch genommen als die Homepage, das facebook-Profil oder der Newsletter der Gemeinde. In der Arbeit mit Personen zwischen 16 und 30 Jahren kommt der Kommunikation über Messenger-Dienste, etwa WhatsApp, eine inzwischen ebenso große Bedeutung zu wie der E-Mail.

Neben diesen Veränderungen bleiben klassische Herausforderungen der gemeindlichen Arbeit bestehen. Themen wie Jüngerschaft, zeitgemäße Formen von Evangelisation und Diakonie und Vergemeinschaftung bleiben wichtig. Sie sind zentral, auch in den Augen der Generation Y. Dabei werden diese zentralen Herausforderungen gemeindlicher Arbeit jedoch in neuen Kontexten und Lebenssituationen, mit neuen Herausforderungen und Möglichkeiten gestellt. Als erste digitale Generation kann die Generation Y dabei eine zentrale Brückenfunktion für Gemeinden wahrnehmen. Die Generation kennt noch ein Leben ohne ständig verfügbares Internet und ist gleichzeitig mit der digitalen Welt und ihrer Kommunikation vertraut. Sie kann darum Gemeinden helfen, diese neue Wirklichkeit zu gestalten. Dabei ist sie auf die Unterstützung von Entscheidungsträgern in den Gemeinden angewiesen. Die Generation Y ist zahlenmäßig in den Gemeinden – gerade abseits der Universitätsstädte – eine absolute Minderheit. Dazu ist sie häufig recht konfliktscheu und braucht darum Partner für die Umsetzung ihrer Ideen. Gemeinden sollten diese Generation kritisch begleiten, aber gleichzeitig intensiv auf die Ideen und Bedürfnisse dieser Generation eingehen. Setzt sich diese Generation nicht, zumindest in Teilen, in der Gemeinde durch, wird die Gemeinde auf lange Sicht sterben. Dabei haben Gemeinden Antworten auf die zentralen Fragen dieser Generation nach Sinn, Gemeinschaft und Stabilität. Ein gutes, partnerschaftliches Miteinander scheint daher möglich und im Interesse aller Generationen zu sein.

Next Generation – Next Church[1]

Gemeinde – Generation – Zukunft

Hansjörg Kopp

Einleitung

Wir leben in einer Zeit unfassbarer schneller Umbrüche und Veränderungen. Gesellschaftliche Veränderungen, Mobilität, Religiosität, Werte etc. Diese veränderten Kontexte gilt es als Geschichte Gottes wahrzunehmen. Als Geschichte Gottes mit den Menschen. Mit *den* Menschen. Und damit auch mit den Jugendlichen. Bei allen im Weiteren aufgeführten Überlegungen ist unverzichtbar zu berücksichtigen, dass es *den* Jugendlichen nicht gibt. Gerade die von Christen so häufig betonte Einzigartigkeit des Menschen gilt es bei allen Überlegungen zur Frage der Gemeinde der Zukunft nicht aus dem Blick zu verlieren. Um gleichzeitig dennoch auf „objektive" Kriterien zurückgreifen zu können, liegt in den Ergebnissen der Milieu- und Lebensweltenforschung ein besonderer Erkenntnisgewinn. Die dort gewonnenen Erkenntnisse lassen erahnen, wie vielfältig Gemeinde Jesu sein müsste – und zwar in Form, Funktion etc. Ästhetische Fragen spielen hierbei eine nicht zu unterschätzende Rolle. Diese Erkenntnisse sind bei den folgenden Ausführungen immer mitzudenken.

Wie würde heute urgemeindliches Leben aussehen, wenn jetzt die Zeit nach dem öffentlichen Wirken Jesu wäre? Wie, wenn sich Jesu öffentliches Wirken heute ereignen würde? Ich vermute, Jesus hätte getwittert, sein Smartphone genutzt und seine Jünger auch mittels einer Whats-App-Gruppe unterrichtet. In diesen Tagen diskutiert die Landessynode der Evangelischen Kirche in Württemberg darüber, ob es auch möglich sein kann, als Zuschauer eines Fernsehgottesdienstes das Abendmahl zu Hause im Wohnzimmer mitfeiern zu können, während die Einsetzung desselben im TV-Studio erfolgt.

---

1 Der Vortragsstil wurde im vorliegenden Text beibehalten.

Beim Thema „Gemeinde – Generation – Zukunft" stehen vor allem junge Menschen im Fokus. Wie kann Gemeinde für Jugendliche zwischen 16 und 25 Jahren aussehen? Wobei Kategorien wie Geburtsjahrgänge oder Alterskohorte auch nicht immer zielführend sind und mir zugleich bewusst ist, dass es in meinem Alter nicht wenige Menschen gibt, die vergessen haben, erwachsen zu werden.

Verantwortlichen in der Gemeindeleitung, vor allem auch Pastorinnen und Pastoren, kommt in allen Überlegungen zur Zukunftsfähigkeit von Gemeinde und Kirche eine gewichtige Rolle zu. Was von ihnen gefördert wird, kann, so Gottes Geist es will und bestärkt, möglich werden. Es geht um die Bereitschaft des Zulassens, nicht um die Aufgabe, alles selbst hinausführen zu müssen. Was jedoch gerade von den Leitungspersonen nicht unterstützt wird, kann sich in der Regel auch nicht entwickeln oder etablieren.

Einen Blick in die Zukunft der Gemeinde zu wagen, ist schwierig. Die gesellschaftlichen Umbrüche wurden bereits angedeutet. Mindestens ebenso relevant wird für alle weiteren Ausführungen sein, dass die besondere Herausforderung darin besteht, Zukunft aktiv zu gestalten, ohne sie genau zu kennen.

„Wer die Vergangenheit nicht kennt, kann die Gegenwart nicht verstehen und die Zukunft nicht gestalten." So hatte es Alt-Bundeskanzler Helmut Kohl in einer Rede im Deutschen Bundestag formuliert.[2] Dieses Prinzip aufgreifend, bedarf es zunächst einer theologischen Selbstvergewisserung, was Gemeinde (*Ekklesia*) ist (1.). Anschließend gilt es dann den Fragen nachzugehen, in welchem Verhältnis Jugend und Gemeinde zueinander stehen (2.), ehe der Blick nach vorn gerichtet wird: Wie gestalten unterschiedliche Kirchen die Zukunft von Gemeinde (3.), was wird sich neben der klassischen Ortsgemeinde etablieren (4.), ehe abschließend gefragt werden muss, wie es in allem dann um die Einheit der Gemeinde Jesu bestellt ist (5.).

---

2   Helmut Kohl, Bundestagsrede vom 1.6.1995, Plenarprotokoll 13/41, Seite 03183.

1. Gemeinde, Kirche – Grundlegungen

1.1 Ekklesia

Mit dem im Neuen Testament verwendeten Begriff der *Ekklesia* ist Gemeinde „eine Gruppe von Menschen, die herausgerufen und in Bewegung gesetzt ist durch Jesus Christus, um zum einen eine Gemeinschaft zu sein, deren Zentrum Christus selbst ist, und um zum anderen auf jenen Ruf zu antworten, in dem sie Christus in der Gesellschaft und für die Gesellschaft repräsentiert."[3]. Es liegt eine doppelte Bewegung zugrunde: Eine Sammlung unter Gleichgesinnten, die das Bekenntnis zu Christus verbindet, und die Bewegung nach außen, in die Gesellschaft hinein, an Christi statt (2Kor 5,20).

In ihrem Wesen unterscheidet sich die Gemeinde grundlegend von allen anderen Formen von Vergemeinschaftung in unserer Gesellschaft, denn sie „ist eine Gemeinschaft von Menschen, die durch das Evangelium von Jesus Christus erreicht und durch das Wirken dieses Geistes in die Lebensbewegung Gottes hineinbezogen wurden."[4]

Wie vielfältig die Gestalt von Kirche bereits zu neutestamentlicher Zeit ist, macht die Verwendung des Begriffs *Ekklesia* bei Paulus deutlich. Hier wird sie „1. als *gesamte Kirche Jesu Christi*, 2. als die zusammengefassten Kirchen einer *Provinz* oder *Landschaft*, 3. als die sich aus allen Christen zusammensetzende Kirche/Gemeinde eines *Ortes* und 4. als die sich in einem Privathaus zum Gottesdienst versammelnde kleinste Gestalt der Kirche in Form einer *Hausgemeinde* bezeichnet."[5]

In dieser vielgestaltigen Struktur gilt es Kirche bzw. Gemeinde zu denken, damals wie heute und auch morgen. Dies gibt den Rahmen vor, der zugegebenermaßen weit gesteckt ist. Aber gerade darin steckt eine besondere Chance auch für die Gemeinde der Zukunft, die sicherlich auch in neuer, anderer Form gelebt und gestaltet werden wird.

In allem ist und bleibt die *Ekklesia* die *Ekklesia tou theou* (Gemeinde

---

3   Klaas Runia, Art. Gemeinde; in: ELThG, S. 706.
4   Manfred Marquard, Art. Gemeinde, V. Dogmatisch; in: 4RGG 3, Sp. 613.
5   Hans-Joachim Eckstein, Gottesdienst im Neuen Testament, in: Kompendium Gottesdienst, hg.v. H.-J. Eckstein, U. Heckel, B. Weyel, Tübingen 2011, S. 22-41, S. 40.

Gottes). In der lokalen Gemeinde wird die universale Kirche (vgl. hierzu auch die notae ecclesiae [Kennzeichen der Kirche] aus dem Nicäno-Konstantinopolitanum von 381) manifestiert.

Das Entstehen einzelner (Orts-)Gemeinden begründet sich vornehmlich zuerst in einer geistlichen Dimension. Gemeinde ist die von Gott gewirkte, inszenierte, begründete Gemeinschaft von Glaubenden. Dazu tritt aus menschlicher Sicht das Bedürfnis, sich mit Gleichgesinnten zu versammeln, sich auszutauschen, aneinander und miteinander im Glauben zu wachsen, sich gegenseitig zu stärken und zu ermutigen etc. Diese „Doppelbewegung" ist bis heute konstitutiv für Gemeinde, und es gilt in besonderer Weise zu fragen, was für Menschen, gerade junge Menschen, unterstützend und anziehend wirkt, Gemeinschaft mit anderen Glaubenden zu suchen. Dass gerade die Gemeinschaft von Christen – im Sinne der sozialen Interaktion – für glaubensdistanzierte Menschen häufig das entscheidende Motiv hinsichtlich ihrer Konversion ist, ist mittlerweile ja auch wissenschaftlich belegt. Neben den an Christus Glaubenden zählen sich vielfach auch Menschen zur Gemeinde, bevor sie ein persönliches Glaubenszeugnis ablegen.[6]

1.2 Bekenntnisse der Reformation – ist Gemeinde nur Gottesdienst?

„Es wird auch gelehrt, dass allezeit eine heilige, christliche Kirche sein und bleiben muss, die die Versammlung aller Gläubigen ist, bei denen das Evangelium rein gepredigt und die heiligen Sakramente laut dem Evangelium gereicht werden. Denn das genügt zur wahren Einheit der christlichen Kirche, dass das Evangelium einträchtig im reinen Verständnis gepredigt und die Sakramente dem göttlichen Wort gemäß gereicht werden" (Confessio Augustana, Artikel VII).

Das bedeutet auch, dass Gemeinde jederzeit und überall neu entstehen kann, mit aller Autorität, Kirche Jesu Christi zu sein. Im 16.

---

6   Vgl. Johannes Zimmermann, Anna-Konstanze Schröder, Wie finden Erwachsene zum Glauben, Neukirchen ²2011. Kennzeichnend ist die aus dem Englischen entlehnte Formulierung „belonging before believing" (sich zu einer Gemeinschaft zugehörig zu fühlen, geht dem persönlichen Glauben voraus).

Jahrhundert hat sich Kirche als Versammlung der Gläubigen zuerst über das gottesdienstliche Geschehen definiert. Klingt hier eine Reduktion dessen an, was Gemeinde im Neuen Testament auszeichnete, die es erschwert, Gemeinde weiter zu denken als allein als gottesdienstliches Geschehen?

Mit CA VII wird ein Gemeinde(mit)glied – folgt man dieser Definition allein und spitzt sie zu – auf die Rolle des Hörenden reduziert. Dies war kaum das Ansinnen der Reformatoren, man denke nur an die Entwicklung der Katechismen. Dennoch ist eine derartige Engführung vor allem in den sogenannten Volkskirchen vielfach zu greifen. Wer Gemeinde so denkt und gestaltet, gewinnt junge Menschen nur schwerlich dafür, Teil derselben zu werden. Für junge Menschen ist es wichtig, selbst aktiv mitgestalten zu können.

Wie tief diese gedankliche Engführung „Gemeinde ist gleich Gottesdienst" gerade bei Jugendlichen verwurzelt ist, belegt die Studie „Brücken und Barrieren – Jugendliche auf dem Weg in die evangelische Jugendarbeit",[7] in der Jugendliche ein bis zwei Jahre nach ihrer Konfirmation befragt wurden. Bei den Jugendlichen, die wenig bis keine christliche Sozialisation im Elternhaus erfuhren und die sich auch nach der Konfirmation nicht weiter kirchlich engagierten, war dieser Konnex „Gemeinde ist gleich Gottesdienst" besonders signifikant ausgeprägt.

Im Unterschied hierzu differenzierten die Jugendlichen, die entweder aus kirchlich hochverbundenen Familien kamen oder die selbst mit der Konfirmation begannen, sich in der kirchlichen Jugendarbeit zu engagieren. Für sie gehören zur Gemeinde auch Gruppen, Kreise und andere Angebote, die Beziehungen ermöglichen.

Gemeinde Jesu ist mehr und vielfältiger als die Feier des Gottesdienstes. In ihm liegt sicher ein Kennzeichen von Gemeinde, aber eben nicht das einzige. Die Gemeinschaft der Heiligen äußert sich nicht nur im gottesdienstlichen Geschehen und Erleben. Dies ist von wesentlicher Bedeutung gerade auch hinsichtlich der zukünftigen sichtbaren Gestalt von Gemeinde.

---

7   Hansjörg Kopp u.a., Brücken und Barrieren – Jugendliche auf dem Weg in die evangelische Jugendarbeit, Stuttgart 2013.

1.3 Der vierfache Auftrag der Kirche

Der vierfache Auftrag der Kirche, wie er altkirchlich beschrieben und von der römisch-katholischen Kirche im Zweiten Vatikanischen Konzil (Konstitution „Gaudium et spes" [Freude und Hoffnung]) bestätigt wird, beschreibt diese Vielgestaltigkeit in den Wesensmerkmalen *Leiturgia* (im Sinne von „gemeinsam feiern"), *Diakonia* (Dienst), *Martyria* (Zeugnis) und *Koinonia* (Gemeinschaft).

Obwohl Gemeinde also mehr ist als allein die Feier des Gottesdienstes, wird dennoch vor allem an dieser die Zukunftsfähigkeit diskutiert (vgl. hierzu v.a. 1.5 und 1.6).

1.4 Kirche ist „dynamisch"

In allem gilt: Kirche ist nichts Statisches, sie ist ein Organismus, manche sprechen von einer „liquid", andere von einer „emergent church". Sie befindet sich seit 2000 Jahren in einem permanenten Transformationsprozess.

Diese Veränderungen angemessen zu bewerten, hängt stark von der Sicht auf große Zeitabschnitte ab. Im Blick auf Jahrhunderte oder gar Jahrtausende wird ersichtlich, wie lange Veränderungsprozesse dauern können. Kirche als Institution gleicht eben doch mehr dem Tanker als dem Schnellboot. Dies gilt für die großen „Volkskirchen" in ähnlichem Maße wie für einen Bund wie den der FeG. Wenn eine Lenkbewegung gemacht wird, dauert es lange, bis der ganze Tanker seine Fahrtrichtung ändert. Eine größere, weil schnellere Dynamik ist hingegen vielfach auf der Ebene der lokalen Gemeinde sichtbar. Sie gleicht eher einem Schnellboot. Die Geschwindigkeiten beider Schiffe zu synchronisieren, also in Einklang zu bringen, stellt eine große Herausforderung dar. Bei den Wendekreisen scheint dies nahezu unmöglich zu sein.

Mag sein, dass die postmoderne Gesellschaft im 21. Jahrhundert eine besondere Dynamik mit sich bringt – an Stichwörter wie Globalisierung, Internet und neue Medien etc. im Sinne von Beschleunigungsbeteiligten sei an dieser Stelle nur exemplarisch erinnert.

Dennoch ist es ratsam, ja heilsam, sich bewusst zu machen, dass Veränderungsprozesse seit der Zeit des Neuen Testaments das Wesen der *Ekklesia* kennzeichnen.

1.5 Oder ist die Gemeinde Jesu doch nicht so „dynamisch"?

Und zugleich scheint jede Generation derselben Gefährdung wie Petrus und die anderen Jünger auf dem Berg der Verklärung zu unterliegen, als sie dort Hütten bauen wollten (vgl. Markus 9,5). Das eigen Erlebte soll verstetigt, man könnte sagen: „eingetuppert" werden. Die persönliche Erfahrung, die persönliche Perspektive oder die eigene Generation gilt als stilbildend und wirkt leider dadurch auch oft verfestigend.

In einer Kirchengemeinde gab es vor etwa 15 Jahren einen blühenden alternativen Gottesdienst sonntagabends im Gemeindehaus. Im Musikteam spielte eine Querflötenspielerin. Sie spielt heute noch. Der Gottesdienst stand 2015 kurz davor, abgesetzt zu werden, weil die Besucher ausbleiben. Es gelang trotz aller geäußerten Bereitschaft nicht, die nächste Generation zu gewinnen. Diejenigen, die als Kinder dort waren, kommen als Jugendliche oder junge Erwachsene nicht wieder. Vieles, was anfangs neu und inspirierend war, hat sich im Lauf der Jahre verfestigt. Schnell hatten sich Traditionen herausgebildet.

In einem großen CVJM mit gemeindeähnlichen Strukturen gibt es einen monatlichen Mitarbeiterabend mit 200 bis 250 Besuchern. Auch dort ist schnell zu spüren, dass man einladend sein will für junge Menschen. Dennoch spiegelt z.B. die Auswahl der Lieder und die Zusammensetzung der Lobpreisband anderes wider. Die 40- bis 60-Jährigen, deren Lieder heute noch gesungen werden, fühlen sich wohl. So hatten sie es in „ihrer Jugend" als prägend erfahren, und so soll es bleiben.

Manches verfestigt sich aus Bequemlichkeit, manches Mal hindert Konfliktscheu eine Veränderung, manchmal ist es das eigene Bedürfnis nach Konstanz und Anknüpfen an frühere Erfahrungen. Schnell bilden sich auch in „jungen Gemeinden" Traditionen aus. Wer zu dieser Gemeinde gehören will, muss Teil ihrer Kultur werden. Geht es nicht in manchen Gemeinden mehr darum, dass Menschen sich die dortige Kultur zu eigen machen und nicht das Evangelium von Jesus Christus?

1.6 Von Beton und Knete

Im Jesustreff, einer als Jugendkreis gestarteten Gemeinde in Stuttgart, lautet das Jahresthema 2016 Beton und Knete. Gefragt, hinterfragt wird: Was hat sich so verfestigt, dass es erstarrt ist im persönlichen Glauben des Einzelnen, in der Kirche, im Jesustreff? Was ist zu Beton geworden? Und wo ist noch Knete vorhanden – wo ist noch Gestaltung möglich ...? Knete ändert sich ja in ihrem Wesen, ihrer Substanz nicht. Sie bleibt form- und gestaltbar, ohne deshalb beliebig zu werden.

Die Kirche Jesus Christi befindet sich einerseits in einem permanenten Transformationsprozess, und andererseits wird vieles auch im 21. Jahrhundert schnell zur Tradition. Vielleicht auch, weil es uns allen selbst so lieb ist? Was ist bei uns Beton geworden, was ist knet- und formbar geblieben?

In welchem Verhältnis nun Gemeinde und junge Menschen zueinander stehen, gilt es im folgenden Abschnitt zu klären. Dass es *die* Jugend nicht gibt, ist in den letzten Jahren vor allem auch durch die Erkenntnisse der Milieu- und Lebensweltforschung greifbarer geworden. Dies lässt besser verstehen, macht den Gemeinde(auf)bau deshalb aber nicht leichter.

2. Gemeinde, Kirche – Jugend

Ich spreche hier als „leidender evangelischer Pfarrer", der permanent ringt mit der Herausforderung, Gemeinde, Kirche und Jugend gut zusammenbringen zu wollen. Gut meint hier vor allem aus der Sicht und Perspektive Jugendlicher. Norbert Coprays pointierte Beschreibung des Verhältnisses von Alt und Jung in der Kirche mag manchen fast zu weit gehen, doch sie scheint gerade für den volkskirchlichen Kontext in vielen Ortsgemeinden zuzutreffen: „Die Beziehung zwischen Jugend und Kirche befindet sich in einer nachkatastrophalen Ära. Das gemeinsame Schiff, der gemeinsame Weg von Kirche und Jugend, die Zeit starker wechselseitiger Beeinflussung von jungen Menschen und Kirche: vorbei. Wir sitzen am Strand und schauen auf die Wrackteile einer Titanic, die Jugend und Kirchenleitung nicht gleichzeitig zu tragen vermochte. Das Schiff, das sich Gemeinde nennt, ist zerbrochen."[8]

Gerade die Beziehung zu jungen Menschen in der Gemeinde ist besonders sensibel, vielfach gefährdet und gleichzeitig auch deshalb stark diskutiert, weil hier die Frage der Zukunftsfähigkeit der einzelnen Gemeinde mit am offensichtlichsten zutage tritt.

2.1 Jugend ist heute Kirche

Es ist wichtig, sich immer wieder daran zu erinnern, dass Jugend heute Kirche ist und ein Recht hat, das Evangelium in der ihr angemessenen Form und Sprache hören und erleben zu können. Gleichzeitig ist Jugend die Generation, die am stärksten in der Gemeinde unter Nützlichkeitsaspekten betrachtet wird. Hier wird permanent gefragt, wo Jugendliche zu neuen Mitarbeitenden werden, wo sie sich engagieren, welche Aufgaben sie sonst noch übernehmen könnten. Die Anfrage an weitverbreitetes gemeindeleitendes Handeln ist nicht nur, ob diese Perspektive mit dem Evangelium in Einklang zu bringen ist, sondern auch, ob in einer anderen Generation wie z.b. bei den „Best Agern" derart verzweckt gedacht wird.

Gleichzeitig ist die Jugend nahezu unverzichtbarer Motor für die Zukunft der Gemeinde Jesu. Dazu „muss Kirche die der Jugend innewohnende Kraft zur Innovation nutzen. Die Gemeinde der

---

8   Mit diesem Zitat von Norbert Copray leitet der praktische Theologe Christian Grethlein seine Ausführung zum Thema „Gottesdienst braucht Jugend" ein. Christian Grethlein, Gottesdienst braucht Jugend. Theologische und historische Perspektiven zu einem aktuellen Thema; in: Arbeitsstelle Gottesdienst, 001/2008, 22. Jahrgang, Ausgabe „Jugend".

Erwachsenen kann sich an den jungen Menschen orientieren und „suchend bleiben", um einen Suchprozess in partnerschaftlicher Beziehung zwischen den Generationen einzugehen."[9] So beschreibt es der ehemalige Ratsvorsitzende der EKD, Manfred Kock. Dieser Motor sollte nicht verloren gehen.

Doch die Arbeit mit Kindern und Jugendlichen darf nicht dem Systemerhalt dienen. Vielmehr gilt es, die Frage zu stellen: Wie sehen angemessene Formen aus, um ihnen geistliche Beheimatung zu ermöglichen? Nicht „für uns", sondern „für sie" muss das handlungsleitende Prinzip sein.

Es geht letztlich darum, Jugendlichen zu ermöglichen, 1. als mündige Christen zu leben; 2. ein Leben in der Nachfolge Jesu zu führen; 3. Teil von Gottes Reich zu sein und 4. Gottes Reich zu bauen. Jugendliche haben das „Recht"[10] auf jugendgemäße Gottesdienste.

Das Handeln Jesu gibt die richtige Perspektive: Als er das Kind nahm und in die Mitte stellte, wie es z.B. in Markus 10 zu lesen ist, zeigt er deutlich: Es geht um die Person, um den Einzelnen in seiner Bedeutung für und vor Gott und nicht um seine Systemrelevanz.

2.2 Veränderte Lebensphase Jugend und Gemeindearbeit

Verkürzte Schulzeit z.B. durch das achtjährige Gymnasium, die Folgen des Bologna-Prozesses und die Abschaffung der Wehrpflicht haben das Aufwachsen junger Menschen wesentlich verändert. Die Schule wird mehr und mehr vom Lern- zum Lebensort. Zunehmende Mobilität in einer globalisierten Welt, größere Flexibilität am Arbeitsmarkt und veränderte Kommunikation gerade durch die flächendeckend verbreitete Nutzung von Internet und Smartphones stellt nicht nur Jugendliche selbst, sondern auch die Gemeindearbeit vor immense Herausforderungen. Jugendforscher sprechen von einer „pragmatischen Generation".[11]

---

9   Manfred Kock; zitiert nach Rolf Ulmer (Hg.), One of us – Jugendgottesdienst & Jugendkirche, Stuttgart 2004, S. 148.
10   K. Büchle u.a., Junge Gemeinden. Experiment oder Zukunftsmodell, Stuttgart 2009, S. 142.
11   Vgl. z.B. Shell Deutschland (Hg.), Jugend 2015. 17. Shell Jugendstudie,

Dies hat auch Auswirkungen auf das Engagement und die Beheimatung vieler Jugendlicher in der Jugend- und Gemeindearbeit. Events und gemeinsam feiern ist wichtig. Und zugleich fehlt teilweise die eigentlich erforderliche Energie, der lange Atem, Angebote in der Gemeinde, auch im Gottesdienst, jugendgemäßer zu gestalten. Die Leidenschaft wird durch die Zeitverdichtung gebremst. Und gleichzeitig fordern junge Menschen Beteiligung ein. Diese Ambivalenz gilt es auszuhalten und gemeinsam in der Ortsgemeinde zu gestalten.

Der erwähnte Pragmatismus zeigt sich auch darin: Für Jugendliche ist konfessionelle Zugehörigkeit nicht von derselben Bedeutung wie für Erwachsene. Sie scheinen hier wesentlich ungebundener. Häufig geht es mehr ums Vernetzen (s.u. 4.1), sich für eine begrenzte Zeit einer Gruppe bzw. Gemeinde anzuschließen. In dieser pragmatischen Haltung steckt zugleich eine besondere Chance: Da ist Einheit im Leib Christi möglich, die Erwachsene häufig erst noch suchen müssen.

2.3 Jugendliche bzw. junge Erwachsene und Gemeindeneugründungen

Wenn Jugendliche eine Jugendgemeinde, eine eigenständige Gemeinde gründen, dann ist auch hierbei häufig ein gewisser Pragmatismus handlungsleitend. Es handelt sich meist um Initiativen Einzelner, die nicht als Gemeindegründungsprojekte strategisch geplant und dann operativ umgesetzt werden (s.u. 3.). Es geht demnach zuerst um die Funktion, nicht um die Form eines Angebots. Dies soll am Beispiel des Jesustreffs in Stuttgart erläutert werden.

2.3.1 Erst Funktion, dann Form

Im Jesustreff feiern sonntags etwa 400 Besucher drei Gottesdienste. Die Altersspanne liegt ungefähr bei 18 bis 45 Jahren. Das Haushaltsvolumen ist mittlerweile weit in den sechsstelligen Bereich gewachsen und größtenteils spendenfinanziert.

Begonnen hat alles mit einem Jugendkreis einer Kirchengemeinde

Frankfurt/M. 2015.

in Stuttgart. Das ursprüngliche Ziel, die Integration der Jugendlichen in den Gemeindegottesdienst am Sonntag, gelang aus verschiedensten Gründen nicht wie erhofft. Mit Unterstützung des Pfarrers begannen die Jugendlichen, nun sonntagabends im Gemeindehaus Jugendgottesdienste zu feiern. Mit ihrer Musik, Predigern aus den eigenen Reihen oder Referenten von außen. Und dann wuchs alles. Bald musste der Raum gewechselt werden. Die Strukturen entwickelten sich weiter. Fragen zur Leitungsstruktur mussten ebenso geklärt werden wie die, ob und inwieweit es auch bezahlte Mitarbeit geben kann.

Rückblickend auf die Entwicklung bis heute ist neben Gottes Wirken, der Zusammenarbeit begabter Menschen etc. vor allem eins entscheidend für diese Erfolgsgeschichte: Die Form folgt der Funktion („form follows function").

Wenn Erwachsene über Jugend und Gemeinde nachdenken, dann kreisen die Überlegungen schnell um Formen und Formate. Leicht tappen wir dann in die Falle zu wissen, was für Jugendliche gut und richtig ist, und zu denken, wir wüssten, was Jugendliche wollen. Und wir suchen Wege, wie das Neue in bestehende, etablierte Strukturen eingebunden werden kann.

Beim Jesustreff war die Idee am Anfang nicht, eine eigene Gemeinde zu gründen. Da war nicht die große Vision. Da war Initiative und Energie, einen geistlichen Ort zu schaffen, an dem sich Jugendliche und junge Erwachsene weiterentwickeln können. Es war keine Abspaltung nach jahrzehntelanger Lehrstreitigkeit, kein bewusstes sich Abgrenzen. Es glich vielmehr einem „fließenden Übergang" von Jugendkreis zu Jugendgottesdienst und dann auch irgendwann zu Gemeinde.

Es gibt gewiss auch Beispiele dafür, dass Gemeinden für junge Menschen entstehen und sich etablieren können, wenn sie „von oben" initiiert sind. Aber auch dort scheint ein wesentlicher Faktor für das Gelingen zu sein, die Jugendlichen in einem sehr frühen Stadium mit in die Entwicklung der angedachten Gemeinde hineinzunehmen. Und auch hier dann erst zu fragen: „Was ist die Funktion? Was braucht es?", ehe es um die Frage der Form und Struktur geht.

2.3.2 Warum es manchmal einfach zu Neugründungen kommt

Das Beispiel des Jesustreffs zeigt, dass es immer wieder zu Neugründungen von Gemeinden kommt, weil ein Miteinander verschiedener Generationen in einem Gottesdienst nicht gelingt. Die Gründe hierfür können vielfältig sein. Einer ist sicherlich der, dass sich in Etabliertem Veränderungen meist nur schwer umsetzen lassen.

Von einem amerikanischen Pastor wird folgende Begebenheit erzählt: Im Kirchenraum seiner neuen Gemeinde stand das Klavier seit vielen Jahren auf der linken Seite. Der neue Pastor schob nun das Klavier aus pragmatischen Gründen von links nach rechts. Die Gottesdienstbesucher mussten von einem Sonntag auf den anderen eine unfassbare Veränderung über sich ergehen lassen. Es hagelte Proteste. Das Klavier wurde wieder an seinen ursprünglichen, der Gemeinde vertrauten Platz geschoben. Wohlgemerkt: Es ging um einen neuen Standort für ein Musikinstrument, es ging dabei nicht um die Frage nach anderer Musik im Gottesdienst oder andere weiter reichende Veränderungen.

Der Pastor änderte daraufhin seine Strategie. Woche für Woche wanderte das Klavier in zehn Zentimeter Schritten von links nach rechts. Es dauerte, doch es kam nach längerer Zeit auf der rechten Seite an. Dort war es genauso gut zu hören. Doch stand nun für die Gottesdienstgestaltung wesentlich mehr und besser nutzbarer Raum zur Verfügung. Als Pfarrer schmunzelt man ein bisschen über das Klavier. Schließlich steht mit der Orgel der Inbegriff der Im-Mobilität mitten in unseren Gottesdiensträumen.

Dass sich gerade viele Christen mit Veränderungen schwer tun, lässt sich durch Erkenntnisse aus der Milieu- und Lebensweltforschung gut verstehen. Das Argument „Das war schon immer so." ist immer noch eines der durchschlagendsten und langlebigsten in der Gemeinde Jesu.

Der unter jungen Menschen stark verbreitete Pragmatismus kann dann eben zur Folge haben, dass ein zu großes Engagement, Bestehendes zu verändern, gescheut und leichter Neues initiiert wird. Dieses „Neue" zu gestalten, erfordert gewiss auch einen hohen Einsatz. Alle Energie kann aber dann in dieses neu Entstehende fließen und verliert sich nicht in langfristigen, schwer gestaltbaren Veränderungsprozessen von Bestehendem.

Weiterhin trägt auch die vielfältige postmoderne Gesellschaft des 21. Jahrhunderts ihren Teil dazu bei, dass sich die Gemeinde Jesu weiter ausdifferenziert. Die Vielfalt musikalischer Spielarten, daraus entstehender Szenen etc. sei hier nur exemplarisch erwähnt. Dennoch sind sie ein nicht zu unterschätzender Faktor. Ein christliches Netzwerk in der „Metal-Szene" wird kaum Hip-Hop-Fans begeistern können und umgekehrt.

Dass es sich nicht verhindern lasse, dass neue Gemeinden entstehen, klingt despektierlich neuen Aufbrüchen gegenüber und entspricht auch nicht der möglichen und notwendigen Vielfalt von Gemeinden. Derartige Formulierungen stellen vielmehr die fragwürdige Haltung mancher bloß, deren Motive in ihrem wohlgemeinten Ringen um die Einheit der Ortsgemeinde sich nicht immer allein am Evangelium orientieren, sondern eben darum, dass Gemeinde so bleiben soll, wie man es selbst gewohnt ist.

Ein Vergleich mit Wohnzimmern soll helfen zu verstehen, weshalb mangelnde Bereitschaft zur Veränderung bestehender Gemeindeangebote und Gottesdienstformen auch darin zu begründen ist, dass es mancherorts mehr um die Weitergabe von bestehender Kultur und Tradition geht als um den Kernauftrag der Gemeinde Jesu, einladend und missionarisch zu sein.

Von Wohnzimmern und Gemeinderäumen

In welchem Wohnzimmer ich mich am wohlsten fühle? In dem, das meine Frau und ich eingerichtet haben. Wir haben es gemeinsam gestaltet und füllen es mit Leben.

Gerne kompromissbereit bin ich z.B. beim Wohnzimmer in meinem Elternhaus. Ich gehöre schon immer dazu. Dort bin ich groß geworden. Es gehört zu mir, meine Lebensgeschichte ist eng damit verknüpft. Und doch ist es nicht meins. Dann gibt es noch ein Wohnzimmer, das ich „lieben muss", weil ich die dazugehörige Person liebe: das Wohnzimmer im Elternhaus meiner Frau. Wie ist es denn mit all den anderen Wohnzimmern dieser Republik? In manchen fühle ich mich wohl wegen der Menschen, die es beleben, in anderen können nicht einmal die Menschen mein ästhetisches Empfinden gänzlich kompensieren. Bei wieder anderen gilt: Sie gefallen mir, aber ich merke, ich passe nicht zu den Menschen, die darin leben etc.

Hier stehen vor allem landeskirchliche Gemeinden mit ihren Gebäuden vor besonderen Herausforderungen. Wie können große alte
Kirchenräume so gestaltet werden, dass darin ein Wohlfühlen möglich
ist? Ein Gottesdienst hat nicht als erstes die Aufgabe zu erfüllen, dass
sich die Besucher wohlfühlen, und dennoch ist dieser Wohlfühl-Fak-
tor im Gemeinde(auf)bau nicht zu unterschätzen. Wesentlich entscheidender als die Ästhetik des Raumes ist aber die Kultur der Gemeinde,
die sich in Räumen, vor allem aber auch in Gemeindeveranstaltungen,
im Speziellen im Gottesdienst, widerspiegelt.

Weiche Faktoren sind mitentscheidend
Künftig wird die Beheimatung von jungen Menschen in der Gemeinde
noch mehr von „weichen Faktoren" abhängig sein als bisher und wohl
auch mehr, als es für viele ältere und etablierte Gemeindeglieder nachvollziehbar ist. Sogenannte weiche Faktoren sind z.b. die Qualität von
Präsentationen im Gottesdienst, die Lautstärke der Musik und die Atmosphäre. Kann sich der Gottesdienstbesucher während der Predigt
einen Kaffee holen oder das Smartphone zücken, ohne schiefe Blicke
zu riskieren? Es geht nicht um die Richtigkeit der Glaubensaussagen,
das Thema der Predigt oder die Liedauswahl. Das „Drumherum" wird
stark an Bedeutung zunehmen.

2.4 Was Jugendgemeinden können und was nicht

Neue Gemeinden, auch Jugendgemeinden, sind nicht die besseren Gemeinden, sie sind nicht besser als bestehende, sie sind anders.

2.4.1 Neue Gemeinden, Jugendgemeinden und Milieus

Neue Gemeinden sind nicht automatisch milieuüberschreitender.
Meist geht es eher um die Gewinnung, Begeisterung, Beheimatung
der nächsten Generation von Menschen aus den Milieus, die gerne
Gemeinschaft mit anderen haben und suchen und auf ihre Glaubens-
fragen Antworten in den etablierten Religionen suchen.

Jugendgemeinden gelingt es demnach eher, Menschen einer bestimmten Generation anzusprechen, die in vielem dennoch „ticken" wie die Erwachsenen vieler etablierter Gemeinden.

Und dann gibt es gewiss auch Neugründungen mit besonderen musikalischen Schwerpunkten, an besonderen Orten (in Cafés etc.) oder auch in besonderer Nähe zu Firmen bzw. Arbeitsplätzen, wo es gelingen kann, bisher eher glaubens- oder kirchendistanzierte Menschen zu gewinnen, die dennoch nicht notwendig anderen Milieus angehören, legt man z.B. die Sinus-Milieus zugrunde.

2.4.2 Jugendgemeinden setzen in Bewegung

Jugendgemeinden „verändern unsere traditionelle eingewöhnte Sicht darüber, was eine ordentliche Gemeinde ist",[12] so der Professor für Praktische Theologie Ulrich Schwab. Jugendgemeinden leisten einen wichtigen Beitrag zur Selbstmissionierung der Kirche in dem Sinne, dass sie uns als ganze Kirche in Bewegung setzen. Auch dies ist nur in einer doppelten Perspektive richtig zu verstehen: Neue Gemeinden haben per se keine größere missionarische Reichweite. Sie können diese bekommen, wenn sie kontextuell denken und handeln. Andere Orte aufsuchen, Kirche an anderen Orten sein wollen etc. „Jugendgemeinden überwinden den Graben zwischen Jugendkultur und Evangelium",[13] weil sie sich an Lebenswirklichkeiten orientieren.

Nicht jede Generation braucht notwendig ihre eigene Gemeinde. Um auch etablierte Gemeinden weiterzuentwickeln, braucht es neue Gemeindemodelle gerade auch für junge Menschen. Sie wirken wie ein Katalysator, wie ein Spiegel, wie ein Motor und manchmal auch wie eine Negativ-Inspiration. Sie fordern dazu heraus, die eigene Position und Situation, die bestehende Gestalt von Gemeinde zu reflektieren. Mit der richtigen Haltung profitieren viele von Neuentwicklungen. Wir müssen uns also selbst fragen: Wie bewerten wir denn entstehende Jugendgemeinden oder Gemeinde-Neugründungen? Als

---

12 Bernd Wildermuth, Art. Jugendgemeinde, Jugendkirche und evangelische Jugendarbeit: eine Verhältnisbestimmung; in: B. Mutschler und G. Hess (Hg.), Gemeindepädagogik, Leipzig 2014, S. 177-190, hier S. 180.
13 Anne Winter, vgl. Wildermuth, Jugendgemeinde, S. 182.

Konfrontation und Provokation oder als „Geschenk des Himmels" oder vielleicht auch irgendwo dazwischen?

Es geht ja um mehr. Letztlich ist die Perspektive die des Reiches Gottes, nicht die einer einzelnen Gemeinde. Dies zu denken schmerzt, ist aber unverzichtbar. Die weltweite Kirche, das Reich Gottes ist größer als die Ortsgemeinde und deren (mögliches) Ringen um ihren (eventuell gefährdeten) Selbsterhalt.

2.5 Generationenvertrag Gottesdienst?

Lösen denn Jugendgemeinden dann nicht den seit Jahrtausenden bestehenden „Generationenvertrag" in den christlichen Gemeinden auf? Schließlich lebt ja in vielen Gemeinden noch der Traum, alle Generationen zu verbinden. Zunächst: Es gibt seit vielen Jahren in fast allen Gemeinden Angebote für unterschiedliche Generationen und damit Zielgruppen: Seniorenkreis und Jugendgruppe, Mutter-Kind-Kreis und Kirchenchor seien hier stellvertretend genannt.

Letztlich fokussiert sich die Frage des Generationsübergreifenden auf den Gottesdienst. Ein Generationenvertrag, so scheint die Erwartung an die nächste Generation unausgesprochen oder ausgesprochen zu gelten, der dem der Rentenversicherung ähnelt. Die nachfolgende Generation hat den Auftrag, den Fortbestand des Bestehenden zu sichern. Ja, des Bestehenden.

Müsste man nicht vielmehr fragen: Gab es je einen generationsübergreifenden Gottesdienst nach dem Prinzip der Freiwilligkeit oder trauern wir da nicht vielmehr einem Mythos hinterher? Noch im 19. Jahrhundert holte mancherorts der Dorfpolizist sonntags die Menschen zum Gottesdienst ab, die nicht freiwillig gekommen waren. Bis heute gehen Jugendliche oft deshalb sonntags mit in die Gemeinde (sie sprechen oft nicht vom Gottesdienst), weil die Eltern dies einfordern. Man könnte von einer mehr oder weniger stark eingeschränkten Freiwilligkeit sprechen. Das steht in keiner Weise dem entgegen, dass es zahlreiche Argumente für eine kontinuierliche Ermutigung der Kinder zum Gottesdienstbesuch durch die Eltern gibt.

Ja, es wird mehr und mehr so sein, dass die Ortsgemeinde zugunsten des Reiches Gottes darauf verzichten muss, die erwähnte Erwartung an die jüngeren Generationen aufrechtzuerhalten. Wohlgemerkt zugunsten des Reiches Gottes und der persönlichen Glaubensentwicklung des Einzelnen. Und auch zur Entlastung unserer bestehenden Gottesdienste, die ja dabei, so was eine „Eier legende Wollmilchsau" zu sein, die allem und jedem gerecht werden muss, eine permanente Zerreißprobe erfahren und deren Beteiligte im Ansinnen, diesen Spagat zu schaffen, enorm unter Druck kommen.

3. Von der Gegenwart in die Zukunft in verschiedenen Kirchen

Wie wird nun Gemeinde – Generation – Jugend künftig aussehen? Es ist wenig ratsam, in konkreten Modellen zu denken. Zu viel hängt von den jeweiligen Gegebenheiten ab wie Ort, Bevölkerungsstruktur, Räumlichkeiten, Mitbewerber, handelnde Akteure etc. Was es geben kann, ist eine Art „Good Practice" – sich von anderen inspirieren lassen, was möglich sein könnte –, nicht aber im Sinne von Best Practice – gute, erfolgreiche Modelle einfach kopieren. Wer die jeweiligen Rahmenbedingungen nicht ausreichend berücksichtigt, wird wenig Erfolg haben.

Dass es nahezu keine Denkgrenzen geben darf, zeigt verblüffenderweise bereits die Reformation, z.B. wenn man den gesamten Artikel VII des Augsburger Bekenntnisses liest. Dort heißt es im zweiten Teil: „Und es ist nicht zur wahren Einheit der christlichen Kirche nötig, dass überall die gleichen, von den Menschen eingesetzten Zeremonien eingehalten werden, wie Paulus sagt: ‚Ein Leib und ein Geist, wie ihr berufen seid zu einer Hoffnung eurer Berufung; ein Herr, ein Glaube, eine Taufe' (Eph 4,4.5)". Dem damaligen historischen Kontext enthoben bedeutet das, weder Ort noch Uhrzeit und schon gar nicht Liedgut oder Instrumentierung sind zu vereinheitlichen. Nur Mut, Neues zu denken und zu wagen.

Neu entstehende Orts- oder Richtungsgemeinden (ja, auch neue Ortsgemeinden im klassischen Sinne sind denkbar) sind, das wird mit CA VII deutlich, mit aller Autorität Kirche Jesu Christi.

Welche Wege in einzelnen Kirchen bzw. Konfessionen gegangen werden, wenn es um die Zukunft von Jugend und Gemeinde geht, wird im Folgenden exemplarisch in den Blick genommen.

3.1 In der römisch-katholischen Kirche

In der Diözese Rottenburg-Stuttgart werden derzeit in einzelnen Dekanaten (sind in etwa deckungsgleich mit den Landkreisen) jugendspirituelle Zentren gegründet, in der Regel in bereits vorhandenem Immobilienbestand. Die Konzeption entspringt einer Art Top-down-Prinzip, wobei frühzeitig Jugendliche in die Konzeption vor Ort miteinbezogen werden. Visionär ist der programmatische Ansatz der Verantwortlichen in der Diözese: „Dahinter steht die Überzeugung, dass katholische Jugendarbeit insgesamt nicht den Auftrag hat, die Erhaltung aller Strukturen in ihrer bisherigen Form zu gewährleisten. Vielmehr folgt und vertraut diese Konzeption der in den letzten Jahren gewonnenen Überzeugung, dass der Ort der Kirche nicht die Gemeinde um ihrer selbst willen, sondern der Mensch in seiner Lebenswelt ist."[14]

Im Grundprinzip lässt sich hier eine Art „mixed economy" erkennen, wie sie in der Fresh-X-Bewegung beschrieben wird (s.u.): Die parochiale Struktur, die Gemeinde vor Ort, wird ergänzt durch jugendspirituelle Zentren. Die ausführliche Evaluation der Arbeit in der Jugendgemeinde „Joel" in Ravensburg hat gezeigt, dass jugendspirituelles Zentrum und Ortsgemeinde gerade nicht in Konkurrenz zueinander stehen, sondern sich gegenseitig befruchten.

Was dieses Handeln bestimmt, ist eindeutig: Die bestehenden Gottesdienste ermöglichen es nicht, Kinder und Jugendliche in den Gemeinden zu beheimaten, auch das weitere Angebot in den traditionellen Kirchengemeinden scheint dies nur schwer möglich zu machen. Deshalb müssen neue Wege gegangen werden.

---

14 ww.bdkj.info/fileadmin/BDKJ/Fachstelle_Jugendspiritualitaet/Downloadtexte_ pdf/gott_raum_schaffen.pdf.

3.2 In der evangelischen Kirche

Auch in der evangelischen Kirche wird die Gründung von Jugendgemeinden teilweise von lokaler oder regionaler Kirchenleitung initiiert. Bemerkenswerter sind Gemeindemodelle wie das des bereits angesprochenen Jesustreffs. Hier erfolgt das Prinzip der Gründung eher nach einem Bottum-up-Prinzip. Es wächst von unten. Gewiss werden nicht alle Jugendgemeinden so groß wie der Jesustreff, der mit seinen bis zu 400 Besuchern mittlerweile zu den größten landeskirchlichen Gottesdienstgemeinden in Stuttgart zählt.

Hier stehen alle Beteiligten nun vor ganz anderen Herausforderungen, z.b. hinsichtlich von Ämtern oder der Anerkennung bzw. Einbettung in vorhandene kirchenrechtliche Strukturen. Eine organisatorische wie juristische Integration in die parochiale Struktur in der Landeskirche ist wenig sinnvoll. Nur, wie sieht eine gute Lösung aus, die auch mit einer angemessenen finanziellen Ausstattung einer derartigen Gemeinde einhergeht?

3.3 Das kongregationalistische Kirchenmodell als besondere Chance

Eine etwas andere Situation bietet sich im Blick auf die Situation im Bund Freier evangelischer Gemeinden. In der Präambel[15] der Verfassung ist formuliert: „Der Bund Freier evangelischer Gemeinden ist eine geistliche Lebens- und Dienstgemeinschaft selbstständiger Ortsgemeinden."

Im kongregationalistischen Kirchenmodell der Freien evangelischen Gemeinden ist die Gemeinde am Ort, für den Ort und für alle Generationen da. Dennoch scheint es auch bei den Freien evangelischen Gemeinden nicht mehr so, dass die klassische Ortsgemeinde alle Generationen erreicht. Es bilden sich Schwerpunktgemeinden aus (wie z.b. das Berlin- und das Hamburg-Projekt).

---

15 https://www.feg.de/fileadmin/user_upload/Verfassung_des_Bundes_FeG.pdf, abgerufen am 4.3.2016.

Im Bund stellt sich die Frage, wie die klassische Ekklesiologie der Ortsgemeinde und die der Richtungsgemeinde gleichberechtigt nebeneinander stehen können und dabei die Einheit der Gemeinde Jesu Christi gewahrt bleibt.

Einiges ist bereits ausgeführt: Es braucht beides, ergänzt sich, steht nicht im Widerspruch zueinander: Ortsgemeinde und Richtungsgemeinde. Eine Richtungsgemeinde ist sicher noch stärker auch Personalgemeinde, der Einzugsbereich noch weiter. Anknüpfend an die einleitenden Worte zur *Ekklesia* ist festzuhalten: Aufbauend auf dem neutestamentlichen Verständnis des Begriffs *Ekklesia* ist beides Gemeinde Jesu und ist damit zugleich Teil der weltweiten Kirche Jesu.

Kritisch zu fragen ist, ob nicht mancherorts die Ortsgemeinde auch eine „Richtungsgemeinde" ist. Eine Vielfalt der Generationen, von Menschen aus verschiedenen Milieus oder Kulturen mag zwar gewollt sein, gelingt aber nicht immer.

Bieten nicht gerade das biblische Verständnis der *Ekklesia* und die richtungsweisenden Perspektiven aus der Zeit der Reformation – also schon lange Zeit vor Gründung des Bundes Freier evangelischer Gemeinden – eine starke Ermutigung, Vielfalt im Sinne einer gleichberechtigten Vielfalt an Gemeindeformen zu denken und zu gestalten? Dies strukturell umzusetzen, wäre dort aus meiner Sicht leichter möglich als in den (noch) großen Kirchen. Wirken jene beiden eher wie große Tanker, die nur schwer ihren Kurs ändern können, so passt für den Bund Freier evangelischer Gemeinden mehr das Bild der Flotte kleinerer und damit wendigerer Boote.

3.3.1 „100 in 10"

Sollte unter Ihnen eher die Vorstellung vorherrschen, dass die traditionelle Ortsgemeinde an Bedeutung verliert, so stellt sich die Frage, ob nicht auch das vom Bund ausgerufene Ziel, 100 neue Gemeinden in 10 Jahren zu gründen, eine gewisse Mitverantwortung für die Entwicklung trägt, dass die Ortsgemeinde an Bedeutung verliert – oder anders gesagt: es noch schwerer hat, generationsübergreifend zu arbeiten. Als ich Gemeindepfarrer in einer Stadt im Osten Württembergs war, entstand dort die „City Church" als Gemeindegründung der FeG.

Ein auf den ersten Blick sehr attraktives Angebot für junge Erwachsene. Aber hat ein derartiges Projekt nicht auch die generationsübergreifende Arbeit in der bestehenden etablierten FeG erschwert? Derartige Neugründungen wollen sicher nicht nur die „Frommen" sammeln und doch bleibt dieser Effekt nie aus. Transferwachstum ist ein wesentlicher Erfolgsfaktor. Christen aus anderen Gemeinden orientieren sich neu. So mag die einzelne Gemeinde wachsen, die weltweite *Ekklesia* aber nicht automatisch.

Die „100 in 10"-Kampagne zu bewerten, steht mir ebenso wenig zu, wie die damaligen Entwicklungen in jener Stadt, die ich nur aus der Ferne wahrgenommen habe. Dennoch will ich die Frage stellen, ob „Konkurrenz das Geschäft wirklich immer belebt" oder sich die Mitbewerber nicht gegenseitig auch schwächen.

Besinnen sich alle Gemeinden auf Christus und herrscht in allen die Haltung vor, den anderen in seinem Anderssein zu achten, so scheint die Einheit des Leibes Christi nicht gefährdet. Schon in der Urgemeinde war klar, dass es nicht bei Monokulturen im Feld der christlichen Gemeinden bleiben kann.

Gefährdung für den Bund FeG
Nicht verschweigen will ich natürlich auch eine mögliche „Gefährdung": Wenn es zu Neugründungen kommt, stellt sich die Frage, ob und inwieweit diese eine Bundes-Idee mittragen – ideell und finanziell. Eine wachsende Zahl neuer und junger Gemeinden stärkt das Reich Gottes, hat sicherlich auch eine missionarische Strahlkraft, aber muss nicht automatisch den Bund als solchen stärken.

Was Hans Guderian, Generalsekretär der Europäischen Baptistischen Föderation über die Baptisten sagt, mag für die FeG in ähnlicher Weise gelten: „Wegen der Schwächen ihrer übergemeindlichen Leitungsstrukturen sind sie in starkem Maße von Ab-Spaltungen und Sonderentwicklungen bedroht. Für den G[emeindeaufbau] ist dies eine Herausforderung, sich stärker zu konzentrieren auf Fragen der Leitung, des Bischofsamtes, des Miteinanders von Gesamtgemeinde und Gemeinde vor Ort."[16]

---

16 Hans Guderian, Art. Gemeindeaufbau in den Freikirchen; in: ELThG, Bd. 2, S. 715.

Dass der Bund als eine Art „regulative Größe" gerade auch im Kontext von Neugründungen und Richtungsgemeinden wichtig sein kann, zeigen die Äußerungen eines methodistischen Pastors, der ein Gemeindegründungsprojekt verantwortet, bei einem Podiumsgespräch eines Fresh-X-Inspirationstages. „Die Kirchenleitung sei auch Ermutiger und kritisches Korrektiv. Dies sei gerade in der Gründungsphase einer neuen Gemeinde oder auch einer Fresh X von großer Bedeutung", sagte er sinngemäß. Eine ähnliche Rolle könnte auch eine Bundesleitung bei Gemeindegründungsprojekten einnehmen.

4. Gemeinde Jesu und junge Menschen – wo geht es hin?

Die Herausforderungen, vor denen wir in Deutschland als Gemeinde Jesu stehen, sind m.E. größer und weiter reichend als die Frage, ob in einem Gottesdienst Menschen aller Generationen zusammen Gott dienen und sich von Gott dienen lassen. Wir stehen vor der großen Aufgabe, junge Menschen auf ihrem Weg zum Glauben und im Glauben so zu begleiten, dass es ihnen möglich ist, Jesus Christus nachzufolgen. Unsere Frage muss deshalb sein: Was brauchen junge Menschen, damit dies möglich ist?

Die Gemeinde Jesu ist dann zukunftsfähig, wenn sie inhaltlich nicht beliebig wird, sondern das Evangelium weiterhin ihre Mitte und ihr Fundament ist. Es braucht Mut zu einer klaren, lebensbejahenden Verkündigung. Wichtig ist nur, dass Inhalte nicht mit der Form verwechselt werden. Die Form ist das Werkzeug, die Inhalte zu transportieren, nicht mehr und auch nicht weniger. Eine Vielfalt an Formen verstärkt den Transport des einen Inhalts.

Konfessionelle Unterschiede werden aus der Perspektive junger Menschen an Bedeutung verlieren. Hieraus leitet sich aus meiner Sicht der Auftrag an die Erwachsenen in der Gemeinde ab, die Vielfalt der weltweiten Ekklesia so zu gestalten, dass das Gemeinsame über bestehende Konfessionsgrenzen hinweg noch mehr gesucht wird.

Die Kontextualisierung, der Lebensweltbezug des Evangeliums und der Verkündigung desselben, wird weiter an Bedeutung gewinnen. Wer junge Menschen als Nachfolger Jesu gewinnen will, muss dorthin gehen, wo sie sind. Es wird noch mehr auf eine Geh-Kultur statt auf eine Komm-Struktur ankommen. Wir können nur zukunftsfähig sein, wenn wir bei den Menschen sind und nicht länger erwarten, dass sie kommen.

4.1 Netzwerke werden zunehmend wichtiger

Netzwerke werden in ihrer Bedeutung zunehmen. Sie übernehmen mehr und mehr die Funktion und Rolle von „Gemeinde", obwohl ihr Fokus nicht auf der (eigenen) Feier des Gottesdienstes liegt. An Hochschulen gibt es derartige Netzwerke schon lange, genannt seien hier exemplarisch SMD und Campus für Christus. Souldevotion ist vor allem in Süddeutschland ein Netzwerk, das sich zu etablieren versucht. In diesen Netzwerken spielt die Ämterfrage noch keine große Rolle. Taufe, Trauung etc. werden kaum gefeiert, und wenn, dann greift man auf die Strukturen der Ortsgemeinde zurück.

Die Zahl der Netzwerke wird weiter zunehmen. Sie bringen eine große Flexibilität mit, mögen in gewisser Weise auch die Unverbindlichkeit stärken, binden in der Regel aber auch weniger Ressourcen.

4.2 Mixed economy

Dieser Begriff aus der Fresh-X-Bewegung, der eigentlich das Miteinander von Ortsgemeinde und Fresh X bezeichnet, zeigt eine grundlegende Denk- und Handlungsstruktur für die Zukunft an. Neben dem Organisatorisch-Strukturellen geht es hier vor allem auch um eine Haltung Es geht weder um Konkurrenz noch um Ersatz, sondern um das Miteinander verschiedener Gemeindeformen, in der die Ortsgemeinde in ihrem traditionellen Verständnis weiterhin von großer Bedeutung sein wird. Die große Chance besteht darin, nicht monokulturell zu denken. Vielfalt an Gemeinde und Netzwerken ist vielmehr eine Bereicherung des Leibes Christi mit großem missionarischem Potential.

5. Die Einheit ist nicht in Gefahr

Zuallererst darf gelassen machen, dass es Jesu Kirche ist, nicht meine oder unsere. Er sieht weiter. Und was er nicht will, weiß er zu verhindern.

Bemerkenswert ist derzeit in allen Aufbruchsbewegungen, egal ob in Jugendgemeinden oder im Bereich von Fresh X, dass vier Dimensionen der Kirche eine herausragende Rolle spielen für das jeweilige Selbstverständnis. Anfang der 2000er waren drei Dimensionen von Bedeutung: IN (Gemeinschaft), OUT (missionarisches Wirken) und UP (spirituelle Dimension). Diese wurden als Kriterien für das Handeln der Gemeinde angewandt.

Die vierte Dimension, das „OF" (Woher kommen wir?) gewann in den vergangenen Jahren mehr und mehr an Bedeutung. Auch eine Gemeindeneugründung oder eine Jugendgemeinde ist nicht geschichtslos. Sie gehört zu dieser einen Ekklesia mit ihrer Geschichte und gewann mehr und mehr an Bedeutung. Die Kennzeichen der Kirche, die notae ecclesiae (catholica, apostolica, sancta und una) bleiben konstitutiv. Die einzelne Gemeinde versteht sich – unabhängig von ihrem eigenen Alter – als Teil der weltweiten Kirche Jesu Christi.

FRESH X
DER KURS

Wir lieben Gott

UP

Spiritualität
Gottesbeziehung
sancta - **heilig**

Wir lieben die
ganze Kirche

Wir lieben die Welt

OF ⬅➡ OUT

"Wolke der Zeugen"
Ökumene
catholica - umfassend

Sendung - Mission
apostolica - gesandt

IN

Tragfähige Gemeinschaft
una - eins

Wir lieben einander

Abb.: Die vier Dimensionen der Kirche[17]

Nein, ich erwarte nicht, dass Junge Erwachsene dann irgendwann in die bestehende Erwachsenengemeinde wechseln. Sie dürfen gerne auch miteinander alt werden. Ja, die Ortsgemeinde kann auch eine Gemeinde auf Zeit sein – wie die Jugendgemeinde.

Es bedarf der Freiheit, um Abschied zu nehmen von dem einen Bild, wie Kirche sein muss. Nicht jede Generation „braucht" ihre eigene Gemeinde, aber wenn sie sie „braucht", will ich ihr nicht im Weg stehen.

Die Einheit der Gemeinde Jesu Christi, die Einheit der Kirche, schaffen wir nicht durch unser Handeln, auch nicht durch besondere Gottesdienstformate. Die Einheit der Gemeinde Jesu besteht in ihrer Identität, Kirche Jesu Christi zu sein. Ist deren Einheit dann nicht gefährdet? „Nicht die Vielfalt der Gottesdienste zerstört die Einheit der Gemeinde, sondern die damit verbundenen gegenseitigen Abgrenzungen und Abwertungen."[18] Letztlich ist (fast) alles eine Frage der Haltung.

17 Abbildungsrechte liegen bei Fresh X Deutschland.
18 Rolf Ulmer (Hg.), One of us – Jugendgottesdienst & Jugendkirche, Stuttgart 2004, S. 53.

Ermutigend bleibt die Perspektive aus dem Grundsatzpapier der Leuenberger Kirchengemeinschaft zum Wesen der Kirche: „Veränderungen des gesellschaftlichen Umfeldes, Veränderungen der Lebensform und Ordnung der Kirchen müssen nicht zum Identitätsverlust führen, im Gegenteil: Sie bieten Chancen zu neuen geistlichen Erfahrungen, wenn die Kirchen entschlossen von ihrem Grund her leben. Der Mut zum Wandel, zur Umkehr und zur Neugestaltung von Kirche und Gesellschaft und die Bereitschaft zum Aushalten von Veränderungen sind Zeichen des Lebens, das die Kirchen aus dem Evangelium schöpfen".[19]

---

19 Leuenberger Gemeinschaft Grundsatzpapier, S. 9, I.5 Wesen der Kirche, Leuenberger Kirchengemeinschaft.

Gemeinde aller Generationen!?

Lars Linder

„Italien, ebenso gut Spanien, Frankreich, Portugal: Auf der sonnigen Piazza unter den Platanen kann man ihnen zusehen. Wie sie kommen und gehen, wie sie stehen bleiben, einander begrüßen, sich küssen, streiten, miteinander plaudern. Sie? Alle! Alle, so darf der blasse deutsche Tourist im Café am Rande ehrfürchtig besichtigen, alle sind sie hier: die über knorrigen Gehstöcken ruhenden Greise auf den Bänken, die um sie herumtollenden Kleinkinder, schwangere Frauen im Schatten, Zahnspangen-gestrafte Teenies. Keine Altersgruppe fehlt, man kennt sich, man begegnet sich, zufällig, aber ganz sicherlich, jeden Tag wieder. So, durchfährt es den Touristen, so und nicht anders sollte es eigentlich sein. So müsste man in die Welt kommen, in der Welt bleiben, aus ihr herausgehen. In dem tröstlichen Wissen, dass dort andere sind, die schon lange vor einem da waren, und andere, die nach einem unter den Platanen sitzen werden ...

In der Utopie des Marktplatzes gibt es keine Abstellgleise. Es gibt keine Kinder, die durch ihre pure Existenz stören, und es gibt keine Alten, die niemand mehr umarmt, nur weil sie nicht das Glück haben, dass ihre Verwandten in der Nähe wohnen. Es gibt nicht das Gefühl von völliger Alleinzuständigkeit, sondern das Empfinden einer alltäglichen Gemeinschaft, die im Zweifel trägt und aushilft. Hier unmöglich? Die Familien zu klein, die Städte zu groß, die Gesellschaft zu kalt? Vielleicht ein Anfang: neue Kitas nur neben Altenheime bauen! Gemeinsame Orte: Kantinen, Gärten, Tanz-, Malkurse, Singen, gemeinsame Feste! Das, was an den Lebensenden gefragt ist, zusammenlegen! Die Mitte kommt dann sowieso zu Besuch. Und man hätte sie wieder zusammen, alle. Hört sich zu romantisch an? Funktioniert nur unter Platanen? Unter Kastanien könnte es aber auch klappen. Zumindest besser als jetzt."[1]

1   Nina Pauer, 27. Dezember 2012, DIE ZEIT Nr. 1/2013, s. http://www.zeit.de/
    2013/01/Weltverbesserung-Gesellschaft/seite-2.

Soweit Nina Pauer in der „ZEIT" in der ersten Ausgabe des Jahres 2013. Damit ist eigentlich schon alles gesagt!?! Und damit sind auch schon Anfragen formuliert an dieses Themenfeld der Jugendkirchen, Milieugemeinden, Richtungsgemeinden. Aber auch Anfragen an die vielen etablierten Kirchen und Gemeinden. Gucken wir näher hin. Wir wollen ja nicht Gemeinde nach „der Zeit" sein, sondern Gemeinde nach dem Neuen Testament, so sagen wir in unserem Bund gerne. Wobei wir, ehrlich gesagt, besser sagen sollten: Wir wollen Gemeinde nach der Heiligen Schrift sein – weil wir das Neue Testament gar nicht ohne das Alte haben können.

Gucken wir hin, fangen wir bei Jesus an.

Jesus beginnt seine Wirksamkeit, indem er zwölf Jünger beruft. Das ist kein Zufall, sondern eine prophetische Zeichenhandlung. Er beruft nicht zwölf Jünger, weil das irgendwie gut sei zum Coachen oder was wir da sonst so alles hören konnten in den letzten Jahren. Nein. Gerhard Lohfink schreibt in seinem Klassiker „Wie hat Jesus Gemeinde gewollt?": Diese Zwölf „werden von Jesus ausgeschickt, dass sie die Botschaft vom Reich Gottes dem ganzen Haus Israel verkünden. Sie veranschaulichen" mit der Zahl 12 „den Anspruch Jesu auf Gesamt-Israel", auf alle 12 Stämme.[2]

Und nicht nur diese Zwölferzahl ist Programm, ist Absicht. Auch die Zusammensetzung des Jüngerkreises an sich ist eine prophetische Zeichenhandlung. Da sind eben nicht nur zwölf Schriftgelehrte, zwölf Fischer, zwölf Zöllner, sondern Jesus beruft eine kunterbunte, gemischte Truppe – bis hin zu Simon, dem Zeloten, und Matthäus, dem Zöllner. Milieuübergreifender geht es gar nicht: Zelot und Zöllner!

Noch einmal Gerhard Lohfink: „Jesus will die Sammlung des Gottesvolkes; er will die Wiederherstellung des verlorenen und zerstreuten Israel ... Manches spricht nämlich dafür, dass Jesus die Zwölf ganz bewusst aus den verschiedensten Teilen des Landes und den verschiedensten Gruppierungen des damaligen Judentums ausgewählt hat, um die Sammlung aller Israeliten augenfällig zu machen ... Jesus will ... das von Partei- und Gruppenkämpfen zerrissene Israel wieder

---

2   Gerhard Lohfink, Wie hat Jesus Gemeinde gewollt? Stuttgart 2015, S. 24.

zusammenführen, und deshalb geht er zu Zöllnern und Zeloten, zu den Armen und zu den Reichen, zu der Landbevölkerung Galiläas und in die Hauptstadt Jerusalem."[3] Also die Zwölferzahl, die Zusammensetzung des Zwölferkreises, aber auch Jesu Zugehen auf die Menschen in seiner Zeit ist prophetische Zeichenhandlung, die darauf hindeutet: So hat sich Jesus Gemeinde gedacht, so will er Kirche haben.

Jesus stellt Gemeinschaft her; Gemeinschaft *zu* den unterschiedlichsten Menschen und Gemeinschaft *zwischen* den unterschiedlichsten Menschen. Lohfink schreibt: „Jesus macht durch sein Wort, mehr aber noch durch sein konkretes Verhalten deutlich, dass er religiös-soziale Grenzziehungen und Deklassierungen nicht anerkennt. Das Reich Gottes duldet keine Stände, es steht grundsätzlich allen Menschen in Israel offen, die Jesu Botschaft annehmen.

Jesus will Israel als versöhnte Gesellschaft. Deshalb wendet er sich an die Reichen (Lk 19,1-10) und an die Armen (Lk 6,20), an die Gebildeten (Lk 14,1-6) und an die Ungebildeten (Mt 11,25-26), an die Landbevölkerung von Galiläa (Mk 1,14) und an die Stadtbevölkerung von Jerusalem (Mt 23,37), an die Gesunden und an die Kranken (Mt 4,23), an die Gerechten (trotz Mk 2,17) und an die Sünder (Lk 19,10)."[4]

Und was macht die Urgemeinde? Was machen Paulus, seine Schüler? Von Anfang an spielt Joel 3,1ff eine große Rolle: „Weiter sagt der HERR: ‚Es kommt die Zeit, da werde ich meinen Geist ausgießen über alle Menschen. Eure Männer und Frauen werden dann zu Propheten; Alte und Junge haben Träume und Visionen. Sogar über die Knechte und Mägde werde ich zu jener Zeit meinen Geist ausgießen'" (GNB).

Alle werden zu Geist-Trägern: Männer und Frauen, Alte und Junge, Reiche und Arme und wie sie alle heißen. Und dadurch, nur dadurch, wird Gemeinde möglich. Der Heilige Geist ermöglicht Gemeinde. „Nur im Geist ist es möglich", schreibt Lohfink, „die völkischen und gesellschaftlichen Barrieren, die Gruppeninteressen, Standesunterschiede und Geschlechtsdominanzen abzubauen ... Das, was ‚vor Gott' im Bereich des Glaubens geschieht, hat

---

3   Lohfink, Jesus, S. 25.
4   Lohfink, Jesus, S. 130f.

unmittelbar soziale Konsequenzen in der Kirche. Denn das Gottesvolk beziehungsweise der Christusleib der Kirche ist eine gesellschaftliche Wirklichkeit."[5]

Von daher rühren auch die Sätze, die wir bei Paulus finden oder in den Briefen seiner Schüler und auch bei den anderen neutestamentlichen Autoren. Sätze wie diese: „Hier ist nicht Jude noch Grieche, hier ist nicht Sklave noch Freier, hier ist nicht Mann noch Frau; denn ihr seid allesamt einer in Christus Jesus." (Gal 3,28); oder Epheser 2,14ff: „Denn er ist unser Friede, der aus beiden *eines* gemacht hat und den Zaun abgebrochen hat, der dazwischen war, nämlich die Feindschaft. Durch das Opfer seines Leibes hat er abgetan das Gesetz mit seinen Geboten und Satzungen, damit er in sich selber aus den zweien einen neuen Menschen schaffe und Frieden mache und die beiden versöhne mit Gott in einem Leib durch das Kreuz, indem er die Feindschaft tötete durch sich selbst."

Und bei sämtlichen Streitfragen, die es im Neuen Testament zu beobachten gibt – die Frage nach der Beschneidung, die Frage nach dem Essen des Götzenopferfleischs, die Frage nach dem Ruhetag, nach arm und reich (bzw. wer wartet auf wen beim Abendmahl in Korinth) und, und, und ... – bei all diesen Fragefeldern, egal ob in der Apostelgeschichte oder in den verschiedenen Briefen, nie kommt der Gedanke auf: Wir machen jetzt zwei Gemeinden oder zwei Gottesdienste – eine Gemeinde für Judenchristen, eine für Heidenchristen; oder einen Gottesdienst für die Sklaven und einen für die Sklavenbesitzer. Einen Gottesdienst für die und einen für die... ganz im Gegenteil!

Wenn man die Konkordanz befragt, fällt einem das Wort „einander" auf:

• Sucht die Einmütigkeit untereinander (Röm 12,16)
• Seid auf den anderen bedacht (Röm 12,16)
• Nehmt einander an (Röm 15,7)
• Wartet aufeinander (1Kor 11,33)
• Sorgt einträchtig füreinander (1Kor 12,25)
• Ertragt einander in Liebe (Eph 4,2)

---

5   Lohfink, Jesus, S. 136.

- Einer trage die Lasten des anderen (Gal 6,2)
- und, und, und ... [6]

Das ist das Wesensmerkmal der Gemeinde Jesu: Das ist *das* Wesensmerkmal. Philipper 2,1-5: „Ist nun bei euch Ermahnung in Christus, ist Trost der Liebe, ist Gemeinschaft des Geistes, ist herzliche Liebe und Barmherzigkeit, so macht meine Freude dadurch vollkommen, dass ihr eines Sinnes seid, gleiche Liebe habt, einmütig und einträchtig seid. Tut nichts aus Eigennutz oder um eitler Ehre willen, sondern in Demut achte einer den andern höher als sich selbst, und ein jeder sehe nicht auf das Seine, sondern auch auf das, was dem andern dient. Seid so unter euch gesinnt, wie es auch der Gemeinschaft in Christus entspricht".

Das Christival wirbt ja zurzeit für seine Veranstaltung im Mai; und da heißt es bei den Flyern usw. immer wieder: „Meine Themen, meine Musik, meine ...". Für ein Jugendfestival wunderbar, für eine Gemeinde ist so ein Denken, so ein Motto der Tod im Topf. Paulus würde sich im Grab umdrehen, wenn wir so für unsere Gemeinden werben: Meine, meine, meine ... Nein. Gemäß Neuen Testament heißt es im Raum von Gemeinde: Wir, ,unser Vater'; deine und meine Themen, deine und meine Musik, deine und meine Fragen, deine und meine Sorgen ... – das ist Gemeinde Jesu.

Peter Stuhlmacher stellt in seinem Kommentar zum Philemonbrief folgendes fest: Für Paulus „war nicht nur die Großgemeinde, sondern auch die Hausgemeinde der Ort, wo die in der Antike besonders gravierenden soziologischen und ethnisch-religiösen Barrieren zwischen Juden und Heiden, Freien und Unfreien, Männern und Frauen, Hoch und Niedrig, Gebildet und Ungebildet zerbrochen und vergleichgültigt wurden zugunsten und von der einen neuen Bindung aller an Christus als den Herrn (Gal 3,27; 1 Kor 1,26ff; 12,12f). Gerade auch die Hausgemeinden waren dementsprechend die Stätten, wo man über der gemeinsamen Feier des Herrenmahls zu dem einen, pluriformen Leib Christi zusammenwuchs, zur Gemeinschaft der Versöhnten."[7]

6   Vgl. Lohfink, Jesus, S. 143f.
7   Peter Stuhlmacher, Der Brief an Philemon, EKK 18, Neukirchen-Vluyn 1975, S. 74.

Und das ist meine Frage an uns alle, ob wir das neu bedenken, neu hören und auch neu gestalten wollen? Sowohl die etablierten Gemeinden müssen da zuhören – wie auch die, die sich mit der Frage nach den neuen Gemeindeformen befassen: Sind unsere Gemeinden – und selbst die Hausgemeinden, also unsere Hauskreise – der Ort, wo die soziologischen und ethnisch-religiösen Barrieren zwischen wem auch immer zerbrochen werden zugunsten dessen, dass Christus Menschen miteinander verbindet? Das ist eine spannende Frage, die wir neu bedenken müssen.

Und ich glaube fest, dass wir ganz neu von Bonhoeffer lernen müssen, was er in seinem Buch „Gemeinsames Leben" geschrieben hat: „Es ist für jedes christliche Zusammenleben eine Daseinsfrage, daß es gelingt, rechtzeitig das Unterscheidungsvermögen zu Tage zu fördern zwischen menschlichem Ideal und Gottes Wirklichkeit und zwischen geistlicher und seelischer Gemeinschaft. Es entscheidet über Leben und Tod einer christlichen Gemeinschaft, daß sie in diesen Punkten sobald wie möglich zur Nüchternheit kommt."[8] Was meint Bonhoeffer, wenn er zwischen seelischer und geistlicher Gemeinschaft unterscheidet? Er schreibt: „Christliche Bruderschaft ist nicht ein Ideal, das wir zu verwirklichen hätten, sondern es ist eine von Gott in Christus geschaffene Wirklichkeit, an der wir teilhaben dürfen … Weil christliche Gemeinschaft allein auf Jesus Christus begründet ist, darum ist sie eine pneumatische und nicht eine psychische Wirklichkeit. Sie unterscheidet sich darin von allen anderen Gemeinschaften schlechthin. Pneumatisch = ‚geistlich' nennt die Heilige Schrift, was allein der Heilige Geist schafft, der uns Jesus Christus als Herrn und Heiland ins Herz gibt. Psychisch = ‚seelisch' nennt die Schrift das, was aus den natürlichen Trieben, Kräften und Anlagen der menschlichen Seele kommt."[9]

Ist unsere Gemeinde, ihre, eure Gemeinde eine seelische oder eine geistliche Gemeinschaft? Seelisch heißt: „Gleich und gleich gesellt sich gern …" Das ist aber keine geistliche Kategorie. Zur Gemeinde Jesu gehören natürlich Menschen, die ich sympathisch finde, die ich

---

8   Dietrich Bonhoeffer, Gemeinsames Leben, München ²¹1986, S. 28.
9   Bonhoeffer, Leben, S. 22.

also auch seelisch nett finde. Aber zur Gemeinde Jesu gehören auch immer Menschen, die ich sehr mühsam finde oder komisch, und wo ich viel Zeit benötige, um mit diesen zurecht zu kommen. Und zur Gemeinde Jesu gehören immer auch Menschen, mit denen ich niemals „im Aufzug stecken bleiben" möchte … „Seelische Liebe liebt den Anderen um seiner selbst willen, geistliche Liebe liebt den Anderen um Christi willen."[10] Weil der andere – der noch so seltsam, so komisch, noch so fern ist von mir – weil er Gott einen ‚Christus wert ist‘, kann ich mit ihm zusammen leben, kann ich ihn schätzen, ihn achten und ihm Würde und Respekt entgegenbringen; und in diesem Sinne Jesu ihn liebhaben und achten.

Wer oder was verbindet eigentlich unsere Gemeinden? Sind die etablierten Gemeinden nicht auch oft nur seelische Gemeinschaften, weil sich da eben nur ein bestimmtes Milieu trifft? Und ist es nicht genau das, was auch die neuen Richtungsgemeinden, Milieugemeinden, Jugendkirchen abbilden: auch hier wieder nur eine seelische Gemeinschaft, weil dort nur ein Milieu zusammen kommt? Gleich und gleich gesellt sich gern?

Darum noch einmal: Wer oder was verbindet uns in unseren Gemeinden? Ist Gemeinde eine seelische oder eine geistliche Gemeinschaft? Bonhoeffer schreibt, ich sage es noch einmal: „Es ist für jedes christliche Zusammenleben eine Daseinsfrage, daß es gelingt, rechtzeitig das Unterscheidungsvermögen zu Tage zu fördern zwischen menschlichem Ideal und Gottes Wirklichkeit und zwischen geistlicher und seelischer Gemeinschaft. Es entscheidet über Leben und Tod einer christlichen Gemeinschaft, daß sie in diesen Punkten sobald wie möglich zur Nüchternheit kommt."[11] Man kann es auch neudeutsch sagen: Gemeinde ist von der Definition her per se „crossover".

Es gibt bei dem Musikpreis „Echo" – vielleicht wisst ihr das – seit einigen Jahren die Kategorie „crossover", wo CDs oder Konzerttourneen von Künstlern gewürdigt werden, die genreübergreifend, milieuübergreifend musiziert haben. Dieser Begriff „crossover" kommt aus den USA, ist 1940 entstanden. Damals gab es in der Musikszene

---

10 Bonhoeffer, Leben, S. 25.
11 Bonhoeffer, Leben, S. 28.

Künstler, die haben nur die Schwarzen gehört; und es gab Musik, die haben nur die Weißen gehört. In den 1940er-Jahren entstand auf einmal eine Bewegung, dass Schwarze auch Musik gehört und gekauft haben, die für Weiße gedacht war; und Weiße haben Musik gehört und gekauft, die für Schwarze gedacht war – und in diesem Zusammenhang ist der Begriff „crossover" entstanden.[12]

Gemeinde ist von der Definition her, per se „crossover". Weil der Gekreuzigte, der Mann am Kreuz, Christus, Menschen miteinander verbindet, die normalerweise nichts, aber auch gar nichts miteinander zu tun hätten: Schwarze und Weiße, Arme und Reiche, Alte und Junge, einfach Gebildete und Intellektuelle ... und wer auch immer. Helmut Tacke schreibt: „Nicht gleichgestimmte Seelen feiern ihre innere Verwandtschaft, sondern völlig verschiedene Wege und Schicksale werden zusammen geführt, weil die Beziehung zum Evangelium das gemeinsame ist."[13] Und weiter:„Nicht der Geist der Geselligkeit, sondern der Geist der Versöhnung hat die Regie."[14]

Ich schließe wie ich begonnen habe: mit einer Szene. Diesmal nicht mit der Szene des Marktplatzes, sondern mit der Szene an unserem Abendmahlstisch. In unserer Gemeinde kommen wir in mehreren Tischrunden nach vorne zum Abendmahl und versammeln uns dort um den Tisch des Herrn. Und wer steht da eigentlich nebeneinander? Da steht das 82-jährige FeG-Urgestein, langjähriger Ältester, neben der 15-Jährigen, die voriges Jahr nach dem Biblischen Unterricht eingesegnet worden ist. Da steht die Oberärztin, Ende 50, neben dem „Hartz IV"-Empfänger, Anfang 40. Der Bach-Liebhaber, Mitte 70, neben dem „Rock am Ring"-Dauergast, Anfang 40. Da steht ein bekannter Essener Unternehmer neben der Frau aus dem Obdachlosenmilieu. Da steht der Kfz-Meister, der den Pin-up-Girl-Kalender von Pirelli in seiner Werkstatt hängen hat, neben dem ganz feinsinnigen Künstlertyp, der hochwertige Drucke zu Hause in seinem Wohnzimmer aufgehängt hat. Da ist der dreifache Familienvater aus dem Kongo neben der geschiedenen Krankenschwester. Da steht eine echte bodenständige Ruhrpott-Frau neben der Frau aus Afghanistan, die mit

12 Vgl. https://de.wikipedia.org/wiki/Crossover_(Musik).
13 Helmut Tacke, Mit den Müden zur rechten Zeit zu reden, Neukirchen 1989, S. 92.
14 Tacke, Müden, S. 95.

ihrer Familie nach Deutschland geflohen ist. Da steht die Studentin neben einem 60-Jährigen, der schon länger im Rollstuhl sitzen muss. Da steht der Homosexuelle, der in einer verbindlichen Partnerschaft lebt, neben der sechsfachen Großmutter. Da steht der junge Mann mit dem russlanddeutschen Hintergrund neben der Philippinin, die seit 20 Jahren in Essen wohnt. Und die Frage ist: Was verbindet diese Menschen? Bildung? Sprache? Hobby? Gedankenwelt? Musik? Erziehung? Prägung? Religiöse Vorgeschichte? Familienstand? Geldbeutel? ... Alles das nicht, sondern Christus. Gemeinde ist das Wunder seiner Gnade. Kurt Marti schreibt:

„Ich bin, was ich bin, durch andere;
Ich glaube, was ich glaube, dank anderen.
Und so,
mit jedem Atemzug:
Leben aus geselliger Gnade."[15]

---

15 Zitiert nach Fulbert Steffensky, Heimathöhle Religion, Stuttgart 2015, S. 62.

Gemeindeformen im Neuen Testament

Wilfrid Haubeck

Es soll in diesem Beitrag um Gemeindeformen im Neuen Testament und ihre Relevanz für heutige Gemeinden gehen. Als Impuls zum Gespräch beleuchte ich zunächst fünf Aspekte.

1. Aspekte des Themas im Neuen Testament

Bei den einzelnen Aspekten ist zu unterscheiden zwischen grundlegenden Formen, die Verbindlichkeit über ihre Zeit hinaus beanspruchen, und solchen, die situationsbedingt und veränderbar sind.

1.1 Mitgliedschaft und Taufe

In neutestamentlicher Zeit führen die Gemeinden keine Mitgliederverzeichnisse. Trotzdem wissen die Gemeinden genau, wer zu ihnen gehört. Das ist an der Taufe auf Jesus Christus bzw. auf den dreieinigen Gott erkennbar. Wenn ein Mensch zum Glauben an Jesus kommt, lässt er sich alsbald taufen. Damit gehört er zur Gemeinde. Das Neue Testament lässt erkennen, dass alle Glaubenden getauft sind und zur Gemeinde gehören. Die christliche Gemeinde ist eine Gemeinde von Glaubenden. Das ist grundlegend für das neutestamentliche Verständnis und die Form von Gemeinde.

1.2 Mitarbeit in der Gemeinde

Grundlegend ist auch, dass alle Mitglieder der Gemeinde in irgendeiner Weise mitarbeiten. Paulus verdeutlicht das an der Metapher vom Leib (1Kor 12,12-30): Die Einzelnen haben unterschiedliche Gaben;

insofern gibt es eine große Vielfalt an Funktionen. Aufgrund ihrer Gaben bzw. Charismen nehmen sie unterschiedliche Aufgaben, Funktionen und Dienste in der Gemeinde wahr. Weil sie verschiedene Gaben und Aufgaben haben, brauchen die Glieder der Gemeinde einander, um sich gegenseitig zu fördern. Dadurch wird die Gemeinde aufgebaut und wächst (vgl. Eph 4,7-16).[1] Insofern dienen die unterschiedlichen Gaben dem Bau und der Einheit der Gemeinde.

Die Mitarbeit der Glieder in der Gemeinde dient aber nicht nur dem inneren Aufbau der Gemeinde. Auch an der paulinischen Mission sind viele Mitarbeiter beteiligt. Eines ihrer wesentlichen Kennzeichen ist ein großes Netzwerk an Mitarbeitern. Es werden im Neuen Testament ca. 40 Mitarbeiter und Mitarbeiterinnen namentlich genannt.[2]

Diese hatten unterschiedliche Funktionen: Begleitung auf der Reise zum Schutz und zur Unterstützung sowie die – teilweise auch selbstständige – missionarische Verkündigung.[3] Häufig werden einzelne Mitarbeiter in Gemeinden gesandt, um diese zu betreuen, Nachrichten sowie Briefe von Paulus zu übermitteln, um zu lehren und aufgekommene Streitfragen zu klären. Gemeinden senden umgekehrt befristet Mitarbeiter zur Unterstützung der Missionsarbeit. Dieses Netzwerk von Mitarbeitern und Mitarbeiterinnen war für das Funktionieren der Mission von existenzieller Bedeutung.[4]

---

1 Vgl. dazu Wilfrid Haubeck, Ämter und ihre Funktionen im Epheserbrief, in: Berufen, beauftragt, gebildet. Pastorales Selbstverständnis im Gespräch. Interdisziplinäre und ökumenische Perspektiven, hg. v. Markus Iff und Andreas Heiser, BThSt 131, Neukirchen-Vluyn 2012, S. 30-67, S. 50-64.
2 Vgl. dazu Wilfrid Haubeck, Beauftragt mit dem Dienst der Versöhnung. Zum Verständnis der Mission bei Paulus, in: Mission heute – Gestalt und Begründung, hg. v. Wilfrid Haubeck und Wolfgang Heinrichs, ThImp 26, Witten 2014, S. 22-51, S. 41f. Öhler listet sogar 69 Personen auf, die im Neuen Testament „in irgendeiner Weise mit der paulinischen Missionstätigkeit verbunden" sind (Markus Öhler, in: Paulus Handbuch, hg. v. Friedrich W. Horn, Tübingen 2013, S. 243-256).
3 Öhler, in: Paulus Handbuch, S. 253f; Schnabel, Mission, S. 1379-1383.
4 Öhler, in: Paulus Handbuch, S. 255.

1.3 Veranstaltungen der Gemeinde

Ἐκκλησία (*ekklēsia* – Gemeinde, Versammlung)[5] ist die häufigste Bezeichnung der Gemeinde im Neuen Testament (114 Mal). Ἐκκλησία ist kein abstrakter Begriff, sondern meint primär die versammelte Gemeinde.[6] Wesentlich ist also, dass die Mitglieder der Gemeinde sich versammeln. Dabei lehren und lernen sie, lesen die Schrift, beten, loben Gott und erfahren Gemeinschaft untereinander (vgl. Apg 2,42). Hinsichtlich der Versammlungen und Gottesdienste gab es in der Praxis deutliche Unterschiede. So hat man sich in Jerusalem in größerer Zahl im Tempelbereich, der Halle Salomos, getroffen. Außerdem traf man sich in den Häusern von wohlhabenderen Gemeindegliedern. Dabei dürfen wir nicht von heutigen Hauskreisen oder „Sofagruppen" ausgehen. Je nach Größe des Hauses konnten dort bis zu 60 Personen zusammenkommen. Sie versammeln sich also in „kleinen, sozial überschaubaren Gruppen; man könnte auch sagen: ... familiären Gemeinschaften".[7]

---

5   Auf die oft genannte sprachliche Ableitung vom Verb ἐκκαλέω (*ekkaleō* – herausrufen) – so auch bei Konrad Bussemer, Die Gemeinde Jesu Christi. Ihr Wesen, ihre Grundsätze und Ordnungen, Witten 61968, S. 7 – geht das Neue Testament nirgends ein. Diese sprachliche Ableitung spielt offensichtlich für die Bedeutung von ἐκκλησία keine Rolle (Jürgen Roloff, Art. ἐκκλησία, in: EWNT I, Sp. 998-1011, Sp. 999); ähnlich Peter Strauch, Typisch FeG. Glaube, Lehre und Leben in Freien evangelischen Gemeinden, Witten 32005, S. 15. Für das Herausrufen ist „erwählen" der zutreffende Ausdruck.

6   In der Septuaginta, der griechischen Übersetzung des Alten Testaments, gibt ἐκκλησία überwiegend das hebräische קָהָל (*qahal* – Versammlung, Volksgemeinde) wieder, das in seiner Grundbedeutung ebenfalls die Versammlung, die versammelte Menschenmenge, meint (Hans-Peter Müller, Art. קהל, in: THAT II, Sp. 609-619, Sp. 609; Heinz-Josef Fabry, Art. קהל, in: ThWAT VI, Sp. 1204-1222, Sp. 1206. Vgl. aber auch Roloff, Art. ἐκκλησία, Sp. 1000f).

7   Peter Stuhlmacher, Kirche nach dem Neuen Testament, in: ders., Biblische Theologie und Evangelium. Gesammelte Aufsätze, WUNT 146, Tübingen 2002, S. 253-278, S. 264f; vgl. Hans-Joachim Eckstein, Ein Herr, ein Leib – doch viele Kirchen? Einheit und Vielfalt der Kirche aus neutestamentlicher Sicht, in: ders., Kyrios Jesus. Perspektiven einer christologischen Theologie, Neukirchen-Vluyn 2010, S. 103-118, S. 105f.

Dabei ist man sich dessen bewusst, dass die verschiedenen Hausgemeinden eines Ortes zusammen *eine* Ortsgemeinde bilden.[8] Das gilt sowohl für Jerusalem als auch für die Gemeinden, die aus der paulinischen Mission entstanden sind. Das zeigen die neutestamentlichen Briefe – vgl. insbesondere die Einleitung und den Schluss der Paulusbriefe. Paulus geht in Kolossä, Korinth sowie Rom jeweils von *einer* Gemeinde aus. Das scheint grundlegend gewesen zu sein. Ob und in welcher Weise sich diese Ortsgemeinden – außer in den Hausgemeinden – versammelt haben, ist im Neuen Testament nicht erkennbar.

1.4 Soziologische Zusammensetzung

Die Mehrheit der Gemeindeglieder in den paulinischen Missionsgemeinden entstammt den sozial schwächeren und bildungsferneren Gesellschaftsschichten (1Kor 1,26-31). Einige Gemeindeglieder gehören jedoch zur gehobenen sozialen Schicht. Dazu zählen die, die ihre Häuser für die Versammlungen der Gemeinden zur Verfügung stellen.

Eine Aufteilung der Haus- oder Ortsgemeinden nach sozialen Kriterien (arm und reich, Sklaven und Freie) wurde offensichtlich nicht vorgenommen. Männer und Frauen versammeln sich gemeinsam in der Gemeinde, ebenso Heiden- und Judenchristen, auch wenn das in einzelnen Gemeinden zu Konflikten und Problemen geführt hat. Das lassen die folgenden Stellen erkennen: Röm 14,1-15,13; 1Kor 8; 10,23-33; 11,2-16; 14,33-36; Gal 2 sowie 1Tim 2,8-15.

Das bedeutet: Die neutestamentlichen Gemeinden haben keine Unterscheidung nach Zielgruppen bzw. sozialen oder anderen Kriterien vorgenommen. Grundlegend ist die Aussage in Gal 3,28: „Es zählt nicht mehr, ob einer Jude oder Grieche ist, Sklave oder Freier, Mann oder Frau. Denn ihr seid alle *einer* in der Gemeinschaft mit Christus Jesus."

---

8   Hausgemeinden werden in Röm 16,5; 1Kor 16,19; Kol 4,15 und Phlm 2 erwähnt.

1.5 Verbundenheit von Gemeinden

Im Neuen Testament finden wir keine überörtliche kirchliche Organisation – weder im Sinn der römisch-katholischen Kirche, von evangelischen Landeskirchen oder einem Bund von Gemeinden. In den ersten Jahrzehnten bilden sich Strukturen nur langsam heraus – zuerst auf der örtlichen Ebene. Es ist ein Prozess, der erst im Entstehen ist und unterschiedlich verläuft. Daraus zu schließen, dass vom Neuen Testament her die Autonomie der einzelnen Ortsgemeinden vorgegeben wäre, halte ich für verfehlt.

Denn eine gegenseitige Verbundenheit und Verantwortung von Gemeinden ist durchaus festzustellen. So entscheidet die Gemeinde in Antiochien im Blick auf die gesetzesfreie Heidenmission nicht allein, sondern gemeinsam mit der ersten Gemeinde und ihrer Leitung in Jerusalem. Die Entscheidung ist nicht nur für Antiochien verbindlich, sondern allgemein.

Paulus – und wohl auch andere Apostel – haben nicht nur missioniert und die Gemeinden anschließend in ihre Unabhängigkeit entlassen. Vielmehr haben sie durch Briefe, Besuche und Sendung von Mitarbeitern die Gemeinden begleitet und unterstützt. Dabei haben sie erwartet, dass diese sich an ihre Worte und Anweisungen hielten, was allerdings in der Praxis nicht immer geschah.

Die Sammlung der Gemeinden in Kleinasien und Griechenland für die in Not geratenen Geschwister der Jerusalemer Gemeinde zeigt deutlich die gemeinsame Verbundenheit und Verantwortung. Paulus ist diese Sammlung als Ausdruck der Einheit der Gemeinden mit der ersten Gemeinde in Jerusalem so wichtig, dass er sie selbst überbringt, obwohl er die damit für ihn verbundene Gefahr kennt.

Grundlegend ist, dass die Gemeinden durch den *einen* Herrn, den *einen* Geist und den *einen* Glauben an Jesus Christus sowie die Liebe miteinander verbunden sind und Verantwortung füreinander wahrnehmen.

2. Aspekte in Freien evangelischen Gemeinden

In der Präambel der Verfassung des Bundes heißt es unter 3.: „Die Gemeinden wollen sich in ihrem Aufbau und Dienst nach der im Neuen Testament erkennbaren Lebensweise der Gemeinden ausrichten." Dieser Anspruch ist bescheidener formuliert als in früheren Zeiten. Dennoch zeigt er, dass Freie evangelische Gemeinden sich auch in ihrem Aufbau und ihrer Form am Neuen Testament ausrichten wollen. Deshalb sollen die im ersten Teil untersuchten fünf Aspekte nun auf die Gestalt der Freien evangelischen Gemeinden bezogen werden.

2.1 Mitgliedschaft und Taufe

Gegenüber der neutestamentlichen Zeit hat sich die Situation grundlegend verändert. Gehen wir von der Gemeinde der Glaubenden aus, so ist die Säuglingstaufe kein eindeutiges Kennzeichen für die Zugehörigkeit zur Gemeinde. Gleichzeitig ist in manchen Gemeinden eine gewisse Gleichgültigkeit im Blick auf die Taufe zu erkennen, auch wenn sich die Situation in den letzten Jahrzehnten deutlich verbessert hat.

Taufe und Aufnahme in die Gemeinde werden teilweise zeitlich voneinander getrennt. In anderen Gemeinden erfolgt beides gleichzeitig. Außerdem gibt es einige Gemeinden im Bund, die sich mit einer festen Mitgliedschaft schwer tun. Diese unterschiedliche Praxis zeigt, dass die Aufnahme als Mitglied heute anders organisiert ist als im Neuen Testament. Grundlegend erscheint mir, darüber Klarheit zu gewinnen ist, wer zur Gemeinde gehört – weil er an Jesus Christus glaubt – und wer nicht. Die Form der Mitgliedsaufnahme ist nicht entscheidend.

2.2 Mitarbeit in der Gemeinde

Der neutestamentliche Grundsatz, dass die Aufgaben, Funktionen und Dienste in der Gemeinde den Begabungen und Charismen entsprechen sollen, gilt auch in Freien evangelischen Gemeinden – zumindest in der Theorie. Die Praxis kann davon abweichen. Wesentlich ist, dass wir einander brauchen, um als Einzelne und als Gemeinde im Glauben zu wachsen. Wir ergänzen einander und haben Verantwortung füreinander. Eine Mitgliedschaft nur als Zuschauer oder Konsument ist nicht schriftgemäß.

Wie sich die Mitarbeit konkret gestaltet, wird von den Besonderheiten und Bedürfnissen der Gemeinde sowie von ihrem missionarischen Auftrag mitbestimmt. Grundlegend ist, dass die Gemeinde die Liebe Gottes durch Wort und Tat bzw. ihr Leben weitergeben soll, damit Menschen gerettet werden. Dazu gehört sowohl vor Ort ein Netzwerk von Mitarbeitern als auch im Blick auf das Land und darüber hinaus. Denn der Auftrag der Ortsgemeinde endet nicht an der Grenze ihres Orts.

2.3 Veranstaltungen der Gemeinde

Anders als die neutestamentlichen Gemeinden haben wir für die Gottesdienste und Veranstaltungen in der Regel Gemeindehäuser oder mieten Räume dafür an. So haben wir die Möglichkeit, uns als ganze Gemeinde an einem Ort zu versammeln. Eine Organisation in Hausgemeinden ist im Neuen Testament keine wesentliche Vorgabe, sondern situationsbedingt. Diese Form ist veränderbar.

Kleine überschaubare soziale Gruppen helfen jedoch, Gemeinschaft zu erfahren und Verantwortung füreinander wahrzunehmen. Dazu können zielgruppenorientierte Arbeitsformen in verschiedenen Bereichen der Gemeinde gehören. Dagegen ist ein ausschließliches Zusammenkommen als große Gruppe bzw. Gemeinde im Gottesdienst nicht ausreichend.

Es erscheint derzeit kaum möglich, sich in jedem Ort nur als eine Gemeinde zu versammeln, da die konfessionelle Vielfalt zu groß ist. Sie ist einerseits ein Reichtum, andererseits bleibt dabei etwas von der Einheit der Gemeinde im Neuen Testament auf der Strecke. Dass es in größeren Städten mehrere Gemeinden – auch Freie evangelische Gemeinden – gibt, ist m.E. vom Neuen Testament her kein Problem.

2.4 Soziologische Zusammensetzung

Häufig erreichen Freie evangelische Gemeinden vor allem solche Menschen, die zum gleichen Milieu gehören wie die Mehrheit in der Gemeinde. Grundsätzlich sind sie zwar auch für andere sozialen Schichten offen, gewinnen aber oft nur schwer einen Zugang zu ihnen. Mehr oder weniger homogene bzw. zielgruppenorientierte Gemeinden haben möglicherweise weniger Probleme und können ihren Auftrag vielleicht besser wahrnehmen. Eine solche Gemeindeform muss sich jedoch der Frage stellen, wie sie der Einheit der Gemeinde, die Paulus wichtig war, entspricht.

Anders ist es, wenn sich *eine* Gemeinde in einzelnen Arbeitsbereichen unterschiedlichen Zielgruppen zuwendet. Dies entspricht der missionarischen Leitlinie des Apostels Paulus in 1Kor 9,19-23: „Für alle bin ich alles geworden, um auf alle Weise einige zu retten. Aber alles tue ich um des Evangeliums willen, damit ich an ihm Anteil bekomme" (V. 22b-23)[9].

2.5 Verbundenheit von Gemeinden

Im Laufe der Jahrhunderte haben sich kirchliche Organisationen gebildet, die in unterschiedlichen empirischen Gestalten strukturiert sind. Sie alle sind so im Neuen Testament nicht vorgegeben. Trotzdem ist es nicht beliebig, welche geschichtlich gewordene Gestalt Kirchen oder Gemeinden haben, sondern es kommt darauf an, wie weit sie sich am neutestamentlichen Wesen und Auftrag der Gemeinde ausrichten.

Der Bund Freier evangelischer Gemeinden versteht sich als „eine geistliche Lebens- und Dienstgemeinschaft selbstständiger Gemeinden".[10] Er ist damit eine größere Gemeinschaft von Ortsgemeinden, die Verantwortung füreinander wahrnehmen und gemeinsam ihren Auftrag erfüllen wollen. Daher sind sie nicht autonom oder

---

9 Eigene Übersetzung.
10 Präambel der Verfassung des Bundes Freier evangelischer Gemeinden in Deutschland KdöR, Ziffer 1.

unabhängig, wie es früher häufig behauptet wurde. Der Bund trägt zur Einheit der weltweiten Gemeinde Jesu Christi bei, bildet sie aber nicht ab.

3. Raum für Veränderungen

Wir haben gesehen, dass es im Neuen Testament grundlegende Aspekte gibt, die für die Form von Gemeinde wesentlich sind. Darauf habe ich an einigen Stellen hingewiesen. Die Formen von Gemeinde sind im Neuen Testament unterschiedlich. Vieles entsteht erst, teilweise ist es situationsbedingt und daher veränderbar.

Gleichzeitig haben wir gesehen, das es in Freien evangelischen Gemeinden Formen gibt, die von wesentlichen Aspekten des Neuen Testaments bestimmt werden, während andere sich – auch abhängig von der geschichtlichen Situation zur Zeit der Gründung Mitte des 19. Jahrhunderts – im Laufe der Zeit aus praktischen Notwendigkeiten entwickelt haben. Diese Unterscheidung eröffnet einen Freiraum für Veränderungen, um Gemeinde zu leben und zu bauen sowie ihren Auftrag in der Gegenwart wahrzunehmen.

Gemeindeformen im antiken Christentum

Andreas Heiser

Schon der Titel des Workshops setzt voraus, dass im antiken Christentum[1] nicht nur eine Gemeindeform vorherrschte, sondern verschiedene Gemeindeformen bestanden. Auch die zu untersuchende Zeitspanne lässt vermuten, dass wir auf unterschiedliche Gemeindeformen stoßen. Zeitlich bewegen wir uns in der sogenannten Kaiserzeit, die sich vom Einigungswerk des Augustus (63 v.Chr. bis 14 n.Chr.) bis zur Reichsreform Diokletians (284–305 n.Chr.) erstreckte, mit der die Spätantike einsetzte und spätestens mit der arabischen Expansion im siebten Jahrhundert endete.[2]

[1] Ich spreche nicht von „alter Kirche". Damit wäre gemeint, dass wir nur Formen von Gemeinden innerhalb der institutionell verfassten Mehrheitskirche untersuchen würden. Wenn wir uns stattdessen auf das „antike Christentum" richten, haben wir einen weiteren Fokus: Zum antiken Christentum gehören auch Bewegungen, die später nicht „reichskirchlich" akzeptiert wurden. Wenn man sich mit antikem Christentum beschäftigt, muss man damit rechnen, auch Frömmigkeitsformen zu begegnen, die aus der späteren Perspektive eben mehr oder weniger „christlich" erscheinen. Was für die Gruppen gilt, gilt auch für die Personen. „Antikes Christentum" heißt auch: Wir befassen uns nicht nur mit Kirchenvätern. Um Kirchenvater zu sein, muss man vier Kriterien erfüllen: rechter Glaube, Heiligkeit des Lebens, Rezeption der Gemeinden, Alter (*fides orthodoxa, sanctitas vitae, approbatio ecclesiae, antiquitas*). So bei Alfred Stuiber, Art. Kirchenvater; in: LThK 6, ²1961, S. 272–274, S. 274, und Basil Studer, Die Kirchenväter; in: MySal 1, 1965, S. 588–599, S. 589. Zum antiken Christentum gehörten auch Menschen, die diese Kriterien nicht erfüllten.

[2] „Spätantike" ist eine moderne Bezeichnung für das Zeitalter des Übergangs von der Antike zum Frühmittelalter im Mittelmeerraum. Der Begriff Spätantike hat sich seit Max Weber in der Forschung durchgesetzt, der Kulturhistoriker Jacob Burckhardt hatte aber bereits 1853 die Wendung „spätantike Zeit" gebraucht, die am Ende des 19. Jahrhunderts vom österreichischen Kunsthistoriker Alois Riegl übernommen wurde. Wenngleich die genaue zeitliche Abgrenzung der Spätantike in der Forschung umstritten ist, gilt als Beginn dieser Übergangsepoche meist der Regierungsantritt des römischen Kaisers Diokletian 284 n. Chr. Das Ende ist Gegenstand der wissenschaftlichen Diskussion. Als grober Rahmen kann gelten, dass die Spätantike im Westen des Römischen Reiches mindestens bis zur Absetzung des letzten Kaisers in Italien im Jahre 476 dauert, eher aber bis zum Einfall der Langobarden in Italien 568. Im Osten des Reiches reicht die Epoche entweder

1. Annäherung

Dem Problem von den vielen Gemeindeformen und der nur einen Kirche kommt man näher, wenn man sich frühe Bekenntnistexte anschaut. Lange bevor man auf Konzilen formulierte Glaubensbekenntnisse verwendete, begann man ab ca. 150 n.Chr., „die Kirche" in den Tauffragen zu nennen. So lesen wir bei dem nordafrikanischen Kirchenvater Tertullian:

> „Denn da, wo drei sind, das heißt der Vater und der Sohn und der Heilige Geist, ist die Kirche, die eine Gemeinschaft ist, schon unter dreien".[3]

Auch in der bekenntnisartigen Formel des apokryphen Briefs der Apostel findet sich eine vielleicht alte Fassung eines Glaubensbekenntnisses, und wir ahnen, dass sich dort zu der einen Kirche bekannt wurde:

> „‚Welche Bewandtnis hat es mit diesen fünf Broten?' Sie sind ein Bild unseres Glaubens betreffs der großen Christenheit und das ist an den Vater, den Herrscher der ganzen Welt, und Jesum Christum, unseren Heiland, und an den Heiligen Geist, den Parakleten, und an die Heilige Kirche und an die Vergebung der Sünden."[4]

Was sich hier Mitte des zweiten Jahrhunderts anbahnt, ist das Problem der einen Kirche und der Vielfalt ihrer Formen.

---

bis zum Tod des oströmischen Kaisers Justinian 565 n. Chr. oder bis zur arabischen Expansion im siebten Jahrhundert.

3   „... quoniam ubi tres, id est pater et filius et spiritus sanctus, ibi ecclesia, quae trium corpus est." Tertullian, De baptismo 6,2; Tertullian, De baptismo. De oratione. Von der Taufe. Vom Gebet, übersetzt und eingeleitet v. Dietrich Schleyer, Turnholt 2006, S. 178f.

4   *Epistula Apostolorum* 5.16, in: Caspar Detlef G. Müller, Die Epistula Apostolorum; in: Antike christliche Apokryphen in deutscher Übersetzung, hg. v. Christoph Markschies / Jens Schröter in Verbindung mit Andreas Heiser, 7. Auflage, Bd. 1: Evangelien und Verwandtes, Teilband 2, Tübingen 2012, S. 1067.

2. Einheit im Wesen – Vielfalt in den Formen

Der Vielfalt der verschiedenen Gemeindeformen und den einheitsstif-
tenden Elementen wollen wir skizzenhaft und in Auswahl durch die
Jahrhunderte nachgehen.

2.1 Erstes Jahrhundert

Auf dem geschichtlichen Terrain der Urchristenheit treten einige
Grundformen von Gemeinden deutlicher hervor. Da denken wir zuerst an die Jerusalemer Urgemeinde. Sie wurde von Petrus, danach
von Jakobus – dem Bruder Jesu – geleitet. Sie praktizierte noch in
weiten Teilen ein Judentum. Es war aber jetzt durch den Glauben an
den zu Gott erhöhten Menschensohn-Richter modifiziert. Dann kamen die Hellenisten, das heißt, griechisch sprechende und dem jüdischen Gesetz gegenüber freiere Judenchristen. Sie missionierten nun,
nachdem sie aus Jerusalem vertrieben worden waren (Apg 6), unter
den Anhängern der heidnischen Religionen. Nach der Hinrichtung des
Stephanus kamen sie wohl nach Antiochien. Und hier in der syrischen
Metropole kam die Bezeichnung „Christen" auf (Apg 11,26). Noch
immer erfahren wir wenig über die Gemeindeformen und noch immer
ganz wenig auch über die Frage unserer Tagung nach der Gemeinsamkeit der Generationen in diesen Gemeinden.

Nun kam aber Paulus, der aus dem gebildeten Tarsus stammte und
nach seiner rapiden Konversion ein hellenistischer Judenchrist war.
Er überschritt in großem Stil die Grenzen der national-jüdischen Religiosität. Und er gründete auf seinen nach Westen führenden Missi-
onsreisen etliche Gemeinden, in denen nun ein gesetzesfreies Heiden-
christentum praktiziert wurde. Paulus war sich bewusst, dass mit dem
erhöhten Christus das Heil für die gesamte Welt angebrochen war.[5]

---

5   Atlas zur Kirchengeschichte. Die christlichen Kirchen in Geschichte und Gegen-
    wart, hg. von Hubert Jedin / Kenneth Scott Latourette / Jochen Martin, unter Mit-
    wirkung zahlreicher Fachgelehrter bearbeitet von Jochen Martin, Freiburg u.a.
    1970, Karte 3. Paulus verzichtet darauf, das Verhältnis zu seinen Gemeinden in
    einer festen Amtsterminologie zu beschreiben. Durch Paulus war noch wenig fest-

Die ideale Gemeindeform der Paulusbriefe lässt sich nun sehr leicht schematisch beschreiben: Paulus setzte als Apostel in den Gemeinden, die er selber gegründet hatte, die ersten Presbyter (oder auch Episkopen) ein, wie in der Apostelgeschichte berichtet wird. Sein eigenes Verhältnis zu den Gemeinden ist juristisch schwer zu fassen. Er forderte Respekt für seine Entscheidungen, aber er respektierte auch die Freiheit der Gemeinde. Dabei muss man unterscheiden zwischen den Diensten innerhalb der Gemeinde (lehren, heilen, Wunder tun, Hilfe leisten) und den übergemeindlichen Diensten (prophetisch reden und lehren). Innerhalb der Gemeinde gab es bei den Diensten keine Hierarchie. Sie standen nebeneinander. Aber die Leitungsebene wird klar erkennbar. Vielleicht auch deswegen, weil Paulus mit diesen Leuten am meisten zu tun hatte.

2.2 Zweites Jahrhundert

Verfolgt man nun die Spuren der Gemeinden, die auf eine Gründung des Paulus zurückgehen, stößt man für längere Zeiträume ins Leere. Nehmen wir nur ein Beispiel. Die erste Station für Paulus war Zypern gewesen, wo er und Barnabas das Evangelium verkündigt hatten (Apg 13,4f). Aber bis zum vierten Jahrhundert liegt die Geschichte dieser Gemeinde völlig im Dunkeln.[6] Kaum besser belegt ist, wie es mit den Gemeindegründungen des Paulus in den kleinasiatischen Gemeinden wie Perge, Antiochien in Pisidien, Ikonium, Lystra und Derbe (Apg 13 und 14) weiterging. 1958 fand man eine Grabplatte mit einer Inschrift, die einen Bischof von Derbe identifiziert. Sie stammt aus dem vierten bis fünften Jahrhundert. Auch sonst ist bekannt, dass Derbe während mehrerer Jahrhunderte Bischofssitz war.[7]

---

gelegt. Sein Beispiel konnte nach verschiedenen Seiten hin ausgelegt werden, was ja auch bis heute geschieht (vgl. S. 94).

6 Bekannt ist, dass drei zypriotische Bischöfe, Gelasius von Salamis, Cyrill von Paphos und Spyridion von Trimithon, am Konzil von Nicaea in 325 teilnahmen; siehe Rufin, h.e. 1,5, PL 21, S. 471f., und Heinrich Gelzer u.a. (Hg.), Patrum Nicaenorum nomina, Leipzig 1898, S. 46–49.69–75).

7 W. Ruge, Art. Derbe, RE 5, 1903, S. 237; vgl. Simon Légasse, Vielfältige Wege der Mission (vom Orient nach Rom); in: Die Geschichte des Christentums, Bd. 1:

Der erste Petrusbrief nennt fünf Provinzen, in denen Gemeinden bestanden: Pontus, Galatien, Kappadokien, Asien und Bithynien (1Petr 1,1), vermutlich meint er ganz Kleinasien. Vor dem Tod des Petrus in 65 n. Chr. muss es also etliche Gemeinden in den Städten gegeben haben. Das hatte vermutlich auch mit der Arbeit des Paulus in Galatien und Troas zu tun. Aber aus dem Petrusbrief selbst lassen sich keine Einzelheiten über die Gemeindeformen herauslesen.[8]

Auch nicht besser informiert sind wir über die Folgen der Mission des Paulus in Makedonien und Griechenland: „In Philippi hat sich aus den ersten Jahren des Christentums nichts erhalten, was über die Ordnung, den Gottesdienst und die Aktivitäten der ersten christlichen Gemeinde Aufschluß geben könnte."[9] Lediglich von Bischof Polykarp erfahren wir zwischen 110 und 135 n.Chr., dass es in Philippi eine Presbyterhierarchie gegeben haben muss.[10] Für die anderen Städte haben wir Bischofslisten, teils mit empfindlichen Lücken.[11] Die Quellen des zweiten Jahrhunderts zeigen verschiedene Gemeindeformen, ohne dass es zu umfassenden Konzeptionen gekommen wäre.[12]

2.3 Korinth

Unter den paulinischen Gründungen ist die Gemeinde in Korinth eine Ausnahme. Ihre Geschichte lässt sich ab dem ersten Jahrhundert verfolgen, und zwar dank des Briefs, den Clemens von Rom zu Beginn dieses Jahrhunderts an die Gemeinde in Korinth schrieb. Er bietet noch kein ausgefeiltes Gemeindemodell. Stattdessen finden wir eine theologische Schriftbegründung für die „Kirche". Die Christen sind

Die Zeit des Anfangs (bis 250), hg. v. Luce Pietri u.a., Freiburg 2003 = Sonderausgabe 2010, S. 152.

8   Ruge, Derbe, 152.
9   Elli Pelekanidou, Philippes; in: Dictionnaire encyclopédique du christianisme ancien, DECA, Bd. 2, 2015.
10 Pol., Phil. 5,3; 6,1; 11,1; Die Apostolischen Väter, eingeleitet, hg., übertragen und erläutert v. Joseph A. Fischer, SUC 1, Darmstadt [10]1993, S. 254–257.260f.
11 Légasse, Wege, S. 152; dort auch zu Athen.
12 Gerhard May, Art. Kirche III. Alte Kirche, TRE 18, Berlin / New York 1998, S. 218–227, S. 219.

der „heilige Teil" Israels,[13] das erwählte Gottesvolk[14] und die „Herde Christi"[15]. Wir erfahren, dass sich die Gemeinde aus Leuten zusammensetzte, die nach Alter und Geschlecht verschieden waren: aus Frauen, jungen Leuten (νέοι – neoi) und Ältesten (πρεσβύτεροι – presbyteroi).[16] Das Modell dieser Gemeinschaft beschreibt der Brief mit dem Motiv des Leibes. Das macht er, weil er darauf besteht, dass es in der Gemeinde ordentlich zugehen müsse. Jeder habe seine Aufgabe. Die Leitung nennt er mit dem militärischen Begriff „Führer" (ἡγούμενοι – hēgoumenoi, προηγούμενοι – prohēgoumenoi). Wenn er aber von ihren Funktionen spricht, bedient er sich des biblischen Vokabulars. Die Presbyter waren mit der Predigt und der Ausführung des Opfers betraut[17] und unterschieden sich in der Funktion nicht von den Episkopen. Den „Laien" waren Laiendienste zugeteilt.[18] Mit dieser Wortschöpfung gab Clemens der Menge der Ranglosen einen Namen.[19]

Die Einheit wurde dadurch gestärkt, dass man einander sittlich verpflichtet war.[20]

„Die Großen können nicht sein ohne die Kleinen, und die Kleinen nicht ohne die Großen. Bei allen gibt es eine gewisse Mischung, und darauf beruht ihre Wirksamkeit. Nehmen wir unseren Leib: Der Kopf ist nichts ohne die Füße, ebenso sind die Füße nichts ohne den Kopf. Selbst die geringsten Glieder unseres Leibes sind notwendig und nützlich für den gesamten Leib. Alle stimmen überein

---

13 1Clem 29,1–30,1; FC 15, S. 135–137.
14 1Clem 59,3f; 64; FC 15, S. 209–211, S. 221.
15 1Clem 16,1; 44,3; 54,2; 57,2; FC 15, S. 101.173.195.203.
16 1Clem 1,3; 21,6; FC 15, S. 66f, S. 118–121.
17 1Clem FC 15, S. 66f, S. 290; sazerdotale Rolle der institutionalisierten Ämter: λειτουργία – leitourgia, „sie bringen ihre (sc. der Gläubigen) Opfer dar", S. 309.
18 1Clem 40,5; FC 15, S. 162–165.
19 Ein eigener Stand (ordo), wie Geoffrey Lampe ihn sehen wollte, verbirgt sich hier noch nicht. Erst in der Kirchenordnung „Didache" wurden Hierarchie und Laien nicht nur unterschieden, sondern getrennt. Die Hierarchie galt nicht mehr als Teil des Volkes Gottes, sondern stand über ihm und war Gott näher. Vgl. Victor Saxer, Die Organisation der nachapostolischen Gemeinden (70–180), in: Die Geschichte des Christentums, Bd. 1: Die Zeit des Anfangs (bis 250), hg. v. Luce Pietri u.a., Freiburg 2003 = Sonderausgabe 2010, S. 268–339, S. 291.
20 1Clem 37f; FC 15, S. 154–161.

und dienen in einmütiger Unterordnung der Erhaltung des ganzen
Leibes. Erhalten werden soll also der ganze Leib, den wir in Christus Jesus bilden, und jeder soll sich seinem Nächsten unterordnen
nach dem Maß der ihm verliehenen Gnadengaben."[21]

Wir wissen leider nicht genau, was die Gemeinde in Korinth damals
auseinandergetrieben hat.[22] Sie hatte schon ihrem Gründer Paulus Sorgen gemacht und geriet nun Ende des Jahrhunderts aus dem
Gleichgewicht. Eine Familie wollte die Presbyter im Amt stürzen. Wir
können also sehen, dass es sich um eine kollegial geleitete Gemeinde
handelte. Eine Gruppe von „Ältesten" leitete sie. Aber die durfte man
nicht einfach absetzen. Es wäre ein Unrecht, wenn diejenigen, „die
nach vorangegangener Prüfung im Geiste"[23] und „unter Zustimmung
der ganzen Gemeinde"[24] eingesetzt worden waren und ihren Dienst
„tadellos und heiligmäßig" verrichteten, aus dem Episkopenamt vertrieben würden.[25] Denn in Wirklichkeit kam ihnen die Autorität nicht
allein vom *consensus* der Gemeinde, sondern von den Aposteln und
über sie von Christus und Gott zu.[26] Und nun war die Einheit ernsthaft bedroht. Aber der Gedanke, dass
alle Gemeindeglieder ein Leib seien, verbot jedes unversöhnliche Ge-
geneinander.

„Warum herrschen Streit, Zorn, Zwistigkeiten, Spaltungen und
Krieg unter euch? Oder haben wir nicht einen Gott und einen Christus und einen Geist der Gnade, der über uns ausgegossen ist, und
ist die Berufung in Christus nicht eine? Warum ziehen und zerren
wir die Glieder Christi auseinander, lehnen uns gegen den eigenen

---

21 1Clem 27,4–38,1; FC 15, S. 155–157.
22 Unterschiedliche Gründe werden für den Streit angeführt: „Der Konflikt in der
    Gemeinde von Korinth scheint in erster Linie ein Generationenkonflikt gewesen
    zu sein" (Saxer, Organisation, S. 289). Anders dachte noch Walter Bauer, Recht-
    gläubigkeit und Ketzerei im ältesten Christentum (1934), hg. v. Georg Strecker,
    BhTh 10, Tübingen ²1964, S. 99–114, an eine gnostische Infiltration.
23 1Clem 42,4; FC 15, S. 166f.
24 1Clem 44,3; FC 15, S. 166f.
25 1Clem 44,4; FC 15, S. 172f.
26 1Clem 42,2–4; FC 15, S. 166f.

Leib auf und gehen so weit in der Torheit, bis wir vergessen, daß wir untereinander Glieder sind?"[27]

Anderthalb Jahrhunderte später lobte der alexandrinische Theologe Origenes die Gemeinde von Korinth. Bei ihr herrsche Frieden und Ordnung.[28] Das lässt den Schluss zu, dass die Mahnung des Clemens von Rom in Korinth langfristig gewirkt hat.[29]

2.4 Die Gemeindeform bei Ignatius von Antiochien

Bis in die Mitte und Ende des zweiten Jahrhunderts hält sich noch die Gemeindeform, in der die Ämter und Strukturen kaum differenziert waren.[30] Noch waren solche Gemeinden überall anzutreffen. In Palästina, in Syrien (Antiochien), in Kleinasien (Hierapolis), in Europa (Philippi und Rom). Erst mit Ignatius von Antiochien – wenn man traditionell datiert, stammen seine Schriften aus der Zeit vor 117 n.Chr., wenn man Robert Joly, Rainer Maria Hübner und seinem Schüler Thomas Schmeller glaubt, handelt es sich um pseudepigrafische Schriften aus der Zeit um 175–177 n.Chr. – entstand eine Gemeinde im „konfessionellen" Sinn[31]. Sie wurde von solchen christlichen Gruppen unterschieden, die sich nicht dem Bischof unterstellten. Alle Aktionen der Gemeinde hatten in ihm ihr Zentrum. Allein der Bischof garantierte den Bestand der Gemeinden und aller gemeindlichen Handlungen. Dabei darf man nicht vergessen, dass das Bischofsamt bei Ignatius christologisch begründet war:

---

27 1Clem 46,5–7; FC 15, S. 178f.
28 Orig., Cels. 3,30; Origenes, Contra Celsum. Gegen Celsus, Zweiter Teilband, eingeleitet und kommentiert v. Michael Fiedrowicz, übersetzt v. Claudia Barthold, FC 50/2, Freiburg 2011, S. 564f.
29 Zur weiteren Gemeindegeschichte: Légasse, Wege, S. 153.
30 Ämterübersicht bei Victor Saxer, Fortschritte in der Ausgestaltung der kirchlichen Organisation in den Jahren 180 bis 250; in: Die Geschichte des Christentums, Bd. 1: Die Zeit des Anfangs (bis 250), hg. v. Luce Pietri u.a., Freiburg 2003 = Sonderausgabe 2010, S. 825–862, S. 839.
31 Skizze bei Jedin, Atlas, S. 3.

„Wo der Bischof erscheint, dort soll die Gemeinde sein, wie da, wo Christus Jesus ist, die katholische Kirche ist."[32]

Die Gemeindeform war klar gegliedert. Der Bischof stand an der Spitze, wenn auch bei Ignatius die Formulierungen überwiegen, welche die Gemeinsamkeit zwischen Bischof, Presbytern und Diakonen hervorheben. Erstmals wurde die Gemeinde (= Kirche) hier mit dem Adjektiv „katholisch" versehen, weil sie Heil in Christus für alle Menschen bot und nicht – wie beispielsweise in der markionitischen Kirche – nur einem auserwählten Kreis von besonders Geistbegabten.[33] In den nächsten 50 Jahren verdoppelte sich die Zahl der festen Ämter. Zu dem Bischof, dem Presbyter, dem Diakon traten Lektoren, Akolythen[34], Exorzisten und Subdiakone[35]. „Wird Origenes beigezogen, drängt sich die Feststellung auf, daß in der Mitte des 3. Jh. der Episkop-Presbyter überall zum Bischof im klassischen Wortsinn mutiert ist, also das einzige und unumstrittene Oberhaupt der Gemeinde ist."[36]

2.5 Rom

Noch klarer sehen wir die Gemeindeform in Rom. Die römische Gemeinde war nicht von Paulus gegründet worden, sondern entstand bereits 20 Jahre nach dem Tod Jesu.[37] Sie setzte sich nach dem

32 Ignatius, Ad Smyrnaeos 8,2; SUC 1, S. 211.
33 Vgl. Reinhard M. Hübner, Überlegungen zur ursprünglichen Bedeutung des Ausdrucks ‚katholische Kirche' (καθολικὴ ἐκκλησία) bei den frühen Kirchenvätern; in: Väter der Kirche. Ekklesiales Denken von den Anfängen bis in die Neuzeit. Festgabe für Hermann Josef Sieben SJ zum 70. Geburtstag, hg. v. Johannes Arnold / Rainer Berndt / Ralf M.W. Stammberger zusammen mit Christine Feld, Paderborn 2004, S. 31–79; S. 56–65.70.
34 Der Akolyth ist der, welcher dem Diakon folgt. Seit dem dritten Jahrhundert hilft er bei der Eucharistie. Seit 1972 wird er als männlicher Laie, nicht mehr als Kleriker gerechnet; vgl. Bruno Kleinheyer, Art. Akolyth; in: LThK³ 1, 2006, S. 293.
35 Saxer, Fortschritte, S. 856 mit Bezug auf Tert., praescr. 41,8; Tertullian, De praescriptione haereticorum. Vom prinzipiellen Einspruch gegen die Häretiker, übersetzt und eingeleitet v. Dietrich Schleyer, FC 42, Turnholt 2002, S. 318f.
36 Saxer, Fortschritte, S. 857.
37 Martin Wallraff, Art. Rom. III. Kirchengeschichtlich. 1. Alte Kirche; in: RGG 7, Tübingen 2004, S. 584–586, S. 584; Hugo Brandenburg, Die frühchristlichen Kir-

Römerbrief des Paulus aus christianisierten Juden und Heidenchristen (Röm 11,13) zusammen.[38] Zwei ungefähr 40 Jahre auseinanderliegende Quellen geben Auskunft über diese Gemeinde. Das ist zum einen der Brief des römischen Bischofs Clemens an die Korinther, in dessen Schreiben immer die Erfahrungen seiner Heimatgemeinde mitschwingen. Und zum anderen ist das der sogenannte Hirt des Hermas, eine visionäre Schrift mit unterschiedlichen Gattungen. Sie wurde von dem Bruder des römischen Bischofs Pius (um 142–154/155 n.Chr.) um die Mitte des zweiten Jahrhunderts verfasst, wie der Canon Muratori zu berichten weiß.[39]

Beiden Texten kann man entnehmen, dass die Gemeinde kollegial geleitet wurde. Für die Verantwortlichen benutzen sie denselben Titel wie das Neue Testament: πρεσβύτερος (*presbyteros* – Ältester)[40] bezeichnete eine reale Funktion in der Gemeinde. Der Titel wurde der jüdischen Welt entlehnt, besonders eben der Verfassung der Synagoge in der Diaspora.[41] Das Amt hatte mit Alter nichts zu tun, sondern bezeichnete die kollegiale Leitung von mehreren Gleichgestellten.

Was die Gemeindeform angeht, so stellte sich Clemens die Gemeinde mehr wie eine militärische Einheit vor. Da ging alles schön geordnet zu, und man verfolgte ein gemeinsames strategisches Ziel.

Anders als diese militärischen Vorstellungen rückte Hermas die charismatischen Funktionen ins Zentrum der Gemeinde. Er bezeichnete

chen Roms vom vierten bis zum siebten Jahrhundert. Der Beginn der abendländischen Kirchenbaukunst. Fotos von Arnaldo Vescovo, Regensburg ²2005, S. 11–15.
38 Vgl. ausführlich Romano Penna, Paul the Apostel. A Theological and Exegetical Study, übersetzt v. Thomas P. Wahl, Collegeville 1996, S. 48–59, bes. S. 51f; vgl. auch Michel-Yves Perrin, Rom und das westliche Abendland bis zur Mitte des 3. Jahrhunderts; in: Die Geschichte des Christentums, Bd. 1: Die Zeit des Anfangs (bis 250), hg. v. Luce Pietri u.a., Freiburg 2003 = Sonderausgabe 2010, S. 666–685: „Wie so oft, wenn es um Quellen aus den ersten beiden Jh. des Christentums geht, steht der Historiker vor einem riesigen Puzzle, zu dem die meisten Teile verschwunden sind"; S. 671.
39 Canon Muratori 73–77; Antike christliche Apokryphen in deutscher Übersetzung, hg. von Christoph Markschies und Jens Schröter in Verbindung mit Andreas Heiser, 7. Auflage der von Edgar Hennecke begründeten und von Wilhelm Schneemelcher fortgeführten Sammlung der neutestamentlichen Apokryphen, Bd. 1: Evangelien und Verwandtes, Teilband 1, Tübingen 2012, S. 121.73–77.
40 1Clem. 44,1.4; FC 15, S. 170–173.
41 Vgl. Lk 7,3 und Günther Bornkamm, Art. πρέσβυς κτλ.; in: ThWNT 6, S. 660f.

sich zwar selbst nicht als Propheten, aber er hatte eine prophetische Begabung. Um Prophetie in der Gemeinde fruchtbar zu integrieren, lieferte er Kriterien für die Unterscheidung von wahrer und falscher Prophetie.[42] Auch Hermas kannte eine hierarchisch strukturierte Kirche. Die Presbyter[43] leiteten die Gemeinde.[44] Daneben traten noch Lehrer (διδάσκαλοι – didaskaloi) auf.[45] Hinzuweisen ist darauf, dass in Hermas' zweiter Vision die Lehrtätigkeit einer Frau namens Grapte belegt ist. Ihre Aufgabe war es, in der Gemeinde „die Witwen und Waisen [zu] ermahnen".[46] Sie übte „indes keine helfende Funktion aus, ihre Aufgabe ist vielmehr die Unterweisung."[47]

Und nun bekommen wir in der Mitte des zweiten Jahrhunderts erstmals einen umfassenderen Einblick in die Form und die Lebenswelt der christlichen Gemeinde in Rom. Hermas entwarf zwei sehr gegensätzliche Bilder seiner Gemeinde. Das erste Bild schilderte die ideale, präexistente und zugleich eschatologische Gemeinde. Sie war von Gott vor allen andern Kreaturen geschaffen, war heilig und unbefleckt. Sie wurde als ein „großer Wasserturm mit glänzenden Quadersteinen" dargestellt, ein Turm freilich, der sich im Aufbau befand. Errichtet wurde sie mit guten Elementen, die durch das Wasser der Taufe geläutert waren. Vollendet sein wird sie am letzten Tag, dem Tag der nahen Wiederkehr Christi. Deshalb sollte der Christ danach trachten, zu den für den

---

42 Gelegentlich nennt er sie auch ἐπίσκοποι – episkopoi: Herm., mand. 11; Martin Leutzsch, Hirt des Hermas; in: Papiasfragmente. Hirt des Hermas, eingeleitet, hg., übertragen und erläutert v. Ulrich H.J. Körtner / Martin Leutzsch, SUC 3, Darmstadt 1998, S. 228–235; dieselben Kriterien in Did. 11 und 13; Traditio apostolica. Apostolische Überlieferung, übersetzt und eingeleitet v. Wilhelm Geerlings, Fontes Christiani 1, Freiburg i. Br. u.a. 1991, S. 126–131.132f.

43 Herm., sim. 11,27,2; SUC 3, S. 344f.

44 Wahrscheinlich dasselbe Amt wie die ἐπίσκοποι – episkopoi, denn in vis. 3,5,1 nennt er sie an der Stelle, die auch den Presbytern zukommt. Auf jeden Fall kennt Hermas nicht einen „Bischof von Rom", nicht einmal in der Person seines Bruders Pius; Saxer, Organisation, S. 317.

45 Ulrich Neymeyr, Die christlichen Lehrer im zweiten Jahrhundert. Ihre Lehrtätigkeit, ihr Selbstverständnis und ihre Geschichte, SVigChr 4, Leiden u.a. 1989, S. 9–15.

46 Vis. 2,4,3; SUC 3, S. 158f.

47 Saxer, Organisation, S. 318; zur kirchlichen Ordnung: Der Hirt des Hermas, übers. und erklärt von Norbert Brox, KAV 7, Göttingen, S. 533–541; vgl. auch Martin Leutzsch, Hirt des Hermas, in: Papiasfragmente. Hirt des Hermas, S. 137–139.

Bau auserwählten Elementen zu gehören. Die Gemeinde war ein Ideal, transzendent und eschatologisch einerseits, irdisch und historisch andererseits. Ihr Auftrag war es, den Sünder zur Buße zu ermahnen.[48] Das von Hermas entwickelte Bild der wirklichen Gemeindeverhältnisse hatte mit diesem Ideal nur wenig zu tun. Zuerst merkt man bei Hermas, dass er in einer Mega-Church lebte. Die Gemeindegröße war für einen Einzelnen nicht mehr überschaubar.[49] Harnack schätzte sie auf rund 30 000 Mitglieder.[50] Auch wenn man keine genauen Zahlen angeben kann, sieht man das an der institutionalisierten Witwen- und Waisenversorgung. Sie spricht für eine immense Größe,[51] ebenso auch die riesige Grabanlage an der Via Appia (Callixtus-Friedhof), die von der Kirche verwaltet wurde.[52] Im dritten Jahrhundert berichtete Bischof Cornelius (251–253),[53] dass die römische Kirche „46 Priester, sieben Diakone, sieben Subdiakone, 42 Akoluthen, 52 Exorzisten, Lektoren und Ostiarier[54]" hatte.

Noch bis ins dritte Jahrhundert war die Gemeinde dezentral in verschiedenen Stadtvierteln organisiert. Man traf sich in Privathäusern, sogenannten *tituli*. Bereits in Röm 16,3-5 ist die Hauskirche von Aquila und Priska (= Priscilla?) erwähnt. In solchen Häusern waren Versammlungsräume reserviert.[55] Noch Justin sagte in seinem Verhör

---

48 Saxer, Organisation, S. 316.
49 Vgl. die Differenzierungen in vis. 3, sim. 8 und 9; SUC 3, S. 161–183.280–359.
50 Adolf von Harnack, Mission und Ausbreitung des Christentums in den ersten drei Jahrhunderten, Leipzig 1924 = Wiesbaden 1981, S. 806; Robert McQueen Grant, Christen als Bürger im römischen Reich, Göttingen 1981, S. 16f, kommt auf nur 7 000 Christen; andere rechnen sogar mit 50 000; siehe Augustin Fliche / Victor Martin, Histoire de l'Église depuis origines jusqu'à nos jours 2, Paris 1935, S. 448.
51 Vis. 2,4,3; SUC 3, 158f.
52 Vgl. Pasquale Testini, Archeologia Cristiana. Nozioni generali dalle origini alla fine del secolo VI. Propedeutica, topografia cimiteriale, epigrafia, edifici di culto, Bari 1980, S. 112–122.
53 Eus., h.e. 6, 43,11; Eusebius, Die Kirchengeschichte, Eusebius Werke Bd. 2, hg. v. Eduard Schwarz / Theodor Mommsen, zweite, unveränderte Auflage v. Friedhelm Winkelmann, GCS, Berlin 1999, S. 618; vgl. Perrin, Rom, S. 696.
54 *Ostium* ist lateinisch „die Tür". Der Ostiarier ist der unterste der vier Weihegrade des niederen Klerus. Er hat Ordnung in der und um die Kirche zu halten; vgl. Kai Gallus Sander, Art. Ostiarier; in: LThK³ 7, 2006, S. 1202f.
55 Martin Wallraff, Art. Rom. III. Kirchengeschichtlich. 1. Alte Kirche, in: 4RGG 7, Tübingen 2004, S. 584–586, S. 585; auch Peter Lampe, Die stadtrömischen Christen in den ersten beiden Jahrhunderten, WUNT 18, Tübingen ²1989.

vor dem Präfekten, als er gefragt wurde, wo der Versammlungsort der römischen Gemeinde liege:

„Wo ein jeder will und kann. Du glaubst bestimmt, wir kämen alle an derselben Stelle zusammen: das ist aber nicht so."[56]

Man wird keine, mit allen gemeinsame Gottesdienste gehalten haben. Wie war da von der Einheit der Gemeinde zu sprechen, wenn man sich nie begegnet? Und auch was die soziale Schichtung angeht, wurde die Einheit auf die Probe gestellt. Der größere Teil der Gemeinde gehörte der Unterschicht an, d.h. dem städtischen Proletariat, den Fremden[57] und den Sklaven. Ein kleinerer Teil stammte aus der Schicht der freien Handwerker und Kaufleute. Möglicherweise gab es eine kleine Gruppe von Reichen aus der Kaiserfamilie, der Schicht der reichen Freigelassenen oder dem Ritterstand. Im Vergleich zur Sozialstruktur der Stadt Rom waren in der Gemeinde Mitglieder der Oberschicht unter- und die Mitglieder der Unterschicht überrepräsentiert. Ein beträchtlicher Teil der Gemeinde dürfte aus dem Osten des Römischen Reichs gestammt haben. Dafür sprechen die griechischen Eigennamen von Christen und zudem, dass alle aus der römischen Gemeinde erhaltenen Zeugnisse bis etwa 240 n. Chr. in griechischer Sprache geschrieben sind und sich die lateinische Sprache im Gottesdienst der römischen Gemeinde endgültig erst zwischen 360 und 382 n. Chr. durchgesetzt hat.

Das Verhältnis der Gemeinde zur nichtchristlichen Gesellschaft, in der sie lebte, war je nach Schichtzugehörigkeit und Beruf unterschiedlich intensiv. Es war für die Christen gekoppelt mit einem Bewusstsein der Fremdheit in der Welt,[58] über dessen notwendige Auswirkungen auf die Lebenspraxis kein Konsens bestand. Während die Stadtleute

---

56 Martyrium des Heiligen Justin und seiner Genossen 3; Echte alte Märtyrerakten, übersetzt v. Gerhard Rauschen; in: Frühchristliche Apologeten, Bd. 2, Bibliothek der Kirchenväter 14, München 1913, S. 310 = S. 22.

57 Der *peregrinus* (Substantivierung des Adverbs *per-egre*, per „über … hinaus", *egre* vom alten Lokativ *agri*, von *ager* „Acker", also: „über den Acker hinaus") ist ein römischer Rechtsbegriff und meint in diesem rechtlichen Sinn den Bürgerschaftsfremden, den Freien, der nicht das römische Bürgerrecht besaß und damit nicht römischer Bürger war.

58 Sim. 1; SUC 3, S. 242–247.

darauf aus waren, ihren Reichtum zu steigern, forderte Hermas von seinen Leuten stattdessen soziales Engagement.[59] Es entwickelte sich eine christliche Binnenkultur. Hermas bat, den intensiveren Kontakt mit Nichtchristen zu vermeiden.[60] Er setzte christliche Ehe und Familie voraus.[61] Seine Forderung, zwischen reichen und armen Christen ein Klientelverhältnis zu institutionalisieren, ist deshalb zu einem gewissen Grad von vornherein plausibel.[62] Auch der Freikauf von christlichen Sklaven, denen es unter nichtchristlichen Herren schlecht ging, gehört hierher.[63] Hermas hatte vor allem Angst um die sozial höher stehenden Christen. Hier hielt er den Anpassungsdruck an die Normen der Gesellschaft für größer.[64]

Die staatliche Reaktion auf das Christentum spiegelte sich bei Hermas in der mehrmaligen Erwähnung von Verfolgungen, von Standhaftigkeit oder Nachgiebigkeit in Verfolgungssituationen.[65]

Wichtig ist ein ganzes Spektrum sozialer Leistungen, die die Gemeinde durchzuführen imstande war. Dass das Diakonat, das mit Geldspenden – vermutlich aus der Gottesdienstkollekte – arbeitete, ebenso wenig wie die institutionalisierte Witwen- und Waisenfürsorge zur Lösung der Probleme ausreichte, machen die zahlreichen Anregungen des Hermas deutlich, die auf feste soziale Beziehungen zur langfristigen Unterstützung einzelner Bedürftiger durch einzelne Bessergestellte abzielten.

59 Scheinbar kann er es nicht überall antreffen: sim. 1 und 2; SUC 3, S. 242–247.247–251.

60 Sim. 8,9,1; 9,20,2; SUC 3, S. 296f.336f.

61 Mand. 4,1; SUC 3, S. 196f.

62 Sim. 2; SUC 3, S. 247–251.

63 Mand. 8,10; SUC 3, S. 218f.

64 Das hindert ihn nicht, seinerseits auf Institutionen wie die römische Ehe und Ehescheidung (mand. 4,1; SUC 3, S. 196f) oder die Klientel (sim. 2; SUC 3, S. 247–251) positiv zurückzugreifen und andere gesamtgesellschaftliche Wertvorstellungen zu übernehmen (sim. 9,28,8; SUC 3, S. 346f: das Verbot der Statususurpation von Sklaven), um den Zusammenhalt der Gemeinde zu fördern.

65 Antonius Hillhorst, Art. Hermas, RAC 14, Stuttgart 1988, S. 682–701, S. 688–690 bietet eine Aufstellung der einschlägigen Passagen; allerdings ist Verfolgung nicht die alles beherrschende Situationsdefinition des Hermas, sondern eines unter vielen Problemen, die ihn bewegen. Dem entspricht, dass uns für den mutmaßlichen Zeitraum, in dem Hermas schreibt, nur wenige Martyrien in Rom bekannt sind, die mit dem Tod endeten.

Für unser Thema ist wichtig, dass schichtspezifische Auffassungen vom Christsein in der Gemeinde existierten. Die sozial höher stehenden Christen neigten dazu, im Christentum ein bestimmtes Sinnsystem zu sehen, das bestimmte individuelle intellektuelle und emotionale Bedürfnisse befriedigte. Die Christen aus den unteren Schichten neigten eher dazu, die Lebenspraxis durch den Glauben bestimmen zu lassen. Das führte in der Gemeinde zu einer Reihe von Konflikten. Von diesen erwähnte Hermas vor allem den Konflikt zwischen Reichen und Armen, sodann die Spannungen zwischen Sündern und normenkonformen Christen und nicht zuletzt den Konflikt unter den Amtsträgern. Im ersten Fall sah er eine Lösungsmöglichkeit im sozialen Engagement der Reichen, im zweiten propagierte er einerseits die Umkehr der Sünder, andererseits ihre Integration in die Gemeinde (gegen die Auffassung einiger Lehrer), im dritten Fall mahnte er zum Frieden, d.h. zur Aufrechterhaltung des Status quo.

Wenn wir zusammenfassen, sehen wir in Rom zu Beginn des zweiten Jahrhunderts eine Gemeindeform mit kollegialer Leitung, wir sehen verschiedene Arbeitszweige wie Lehre und Diakonie, und wir nehmen auch Unterschiede wahr: Nicht alt und jung, sondern arm und reich, Sünder und nicht Sünder und nicht zuletzt unleidliche Amtskollegen bilden die Pole von Spannungsfeldern.[66]

Der Übergang von einer kollegialen Leitungsstruktur zu einer monarchischen Spitze vollzog sich bald. Man kann sagen, der Übergang war theologisch notwendig. Denn ein Bischof an der Spitze einer Gemeinde konnte noch deutlicher die apostolische Tradition repräsentieren. Und die Abfolge von Bischöfen konnte in einer Liste festgehalten werden. Irenaeus von Lyon (um 180 n.Chr.) war der Erste, der für Rom den monarchischen Episkopat markant herausstellte.[67]

---

66 Die Lektüre der Schriften Justins würde die aus Hermas gewonnene Einsichten bestätigen; vgl. Saxer, Organisation, S. 320.
67 Sicher nicht, wie Brent zu zeigen versuchte, erst in der Mitte des dritten Jahrhunderts; siehe dazu Manlio Simonetti, Una nova proposta su Ippolito, Augustinianum 36, 1996, S. 13–46, S. 33–36.

„Als die seligen Apostel [Petrus und Paulus] die Kirche also gegründet und erbaut hatten, legten sie dem Linus das Amt des Bischofs zur Leitung der Kirche in die Hände. Das ist der Linus, den Paulus in seinen Briefen an Timotheus erwähnt (vgl. 2Tim 4,21). Sein Nachfolger war Anenkletos. Nach ihm bekam Clemens, von den Aposteln aus gezählt an dritter Stelle, das Bischofsamt. Er hatte noch die seligen Apostel gesehen und Kontakte zu ihnen gehabt. Er hatte die Predigt der Apostel noch in den Ohren und die Überlieferung vor Augen; übrigens nicht er allein, es gab damals noch viele, die von den Aposteln belehrt worden waren ... Auf diesen Clemens folgte Evaristus, auf Evaristus Alexander; dann war als sechster seit den Aposteln Sixtus im Amt, nach ihm Telesphorus, der auch ein sehr ruhmreiches Martyrium erlitt; dann Hyginus, dann Pius, nach diesem Anicet; nachdem auf Anicet Soter folgte, hat derzeit an zwölfter Stelle seit den Aposteln Eleutheros das Bischofsamt inne."[68]

Einblick in die Form von Hippolyts Gemeinde in Rom bietet die Kirchenordnung, die sogenannte Apostolische Überlieferung (*Traditio Apostolica*)[69]. Hier war deutlich die Struktur der Gemeinde angelegt, die sich in der römischen Kirche endgültig durchgesetzt hat. Klerus und Volk waren klar unterschieden. Eine Besonderheit bildeten die Bekenner. Sie bilden eine Art Bindeglied. Sie brauchten, wenn sie zu Diakonen oder Presbytern berufen wurden, nicht extra geweiht zu werden. Durch ihr Bekenntnis besaßen sie bereits die Gnade, die anderen erst durch die Weihe vermittelt wurde.[70]

Dem Bekenner, „der des Namens des Herrn wegen verhaftet worden ist, soll nicht mehr die Hand zum Diakonat oder Presbyterat aufgelegt werden. Denn er hat den Rang eines Presbyters auf Grund seines Bekenntnisses".[71]

---

68 Irenaeus, Adversus haereses 3,3,3; FC 8/3, S. 31ff.
69 Traditio apostolica; May, Kirche, S. 220f.; zur Gemeindeform: Jedin, Atlas, S. 3.
70 Jedin, Atlas, S. 3.
71 Trad. Apost. 9; Traditio apostolica, S. 238f.

Kleriker wurden per Handauflegung des Bischofs und Presbyteriums geweiht:

„Die Hand soll ihr nicht aufgelegt werden, weil sie nicht die Gaben darbringt und keinen liturgischen Dienst versieht. Beim Klerus hingegen wird die Handauflegung des liturgischen Dienstes wegen vorgenommen. Die Witwe jedoch wird für das Gebet bestellt. Das aber ist die Sache aller."[72]

2.6 Viertes Jahrhundert

Was die Gemeindeformen im vierten Jahrhundert angeht, so verstärkte die sogenannte konstantinische Wende die bereits vorhandenen Tendenzen. Die Kirche wurde nun vom Staat geschützt, gestärkt und ihre Institutionen ausgebaut. Vor allem Eusebius von Caesarea (260/264–339/340 n.Chr.) mit seiner politischen Theologie formulierte eine Reichsideologie. Das irdische Reich Konstantins und das Volk Gottes wurden gleichgesetzt. Die Gemeindeformen wurden jedoch über den Stand des dritten Jahrhunderts kaum systematisch weiterentwickelt. Die Bezüge auf die Kirche waren in der theologischen Literatur, vor allem in den Bibelauslegungen, den Homilien und Kommentaren allgegenwärtig. Und man hat auch in den großen dogmatischen Kontroversen gewusst, dass es um die Identität der Kirche ging.

Der Wandel war erheblich, denn jetzt wurde man in eine christliche Gesellschaft hineingeboren und sog die Reichsreligion mit der Muttermilch ein. In diesem Kontext entstanden neue Formen eines konzentrierten Christentums. Basilius der Große (um 330–379 n. Chr.) gründete etwa 355 n. Chr. eine Gemeinschaft in einer einsamen Gegend in Kappadokien. Diodor von Tarsus (gest. vor 394) richtete um 360 n. Chr. ein Asketerion ein, in dem der jugendliche Johannes Chrysostomus (um 350–407) und auch Theodor von Mopsuestia (um 350–428) lebten.

---

72 Trad. Apost. 9; Traditio apostolica, S. 240f.

Wir wollen hier nochs eine besondere Gemeindeform dieser Zeit untersuchen. Aphrahat (gest. 345 n. Chr.), der persische Weise, war – wie Brit. Lib. Ms. Orient. 1017 (14. Jahrhundert) angibt[73] – möglicherweise selbst Bischof im Kloster Mar Mattai in der Nähe des heutigen Mossul. Aphrahat setzte auf die Jugend. Er sammelte sie in einer frommen Kerngemeinde und formte eine spirituelle Elite innerhalb der Gemeinschaft. Hier lebte man ein Leben, das die Auferstehung vorwegnehmen sollte. Die Syrer nannten diese Leben das „Leben der Engel". Wer engelsgleich lebte, hatte keinen Sex, brauchte keinen Besitz und keinen Schlaf. Er fastete, betete Gott an und sang Hymnen. Eine solche jugendliche Kerngemeinde lernen wir in Aphrahats *Demonstrationes* kennen. Die *Demonstratio* 6 gibt Auskunft über die spezifische Ekklesiologie der Gemeinschaft. Aufgrund ihrer Zugehörigkeit zu Christus wird eine Gruppe von Asketen oder Asketinnen (*b'nay/b'nat q'yâmâ*) in einen anderen Stand versetzt, der sich negativ als Weltabgewandtheit, positiv als Engelsgleichheit beschreiben lässt:

„Wer die Engelsgleichheit auf sich genommen hat, werde unter den Menschen fremd."[74]

Das Hauptmerkmal der Angleichung an die Engel war hier die geschlechtliche Enthaltsamkeit (Mt 22,30), sei es zölibatär oder in der Ehe. Die Ekklesiologie Aphrahats geht von einer frommen, asketischen Kernmannschaft in der Mitte der Gemeinde aus, die wesentlich mit der geistlichen Kampfführung gegen den Satan befasst ist.[75] Das Modell sieht die Ansiedelung von Asketen im Dorf- und Stadtleben vor.

---

73 Aphrahat, Unterweisungen, aus dem Syrischen übersetzt u. eingeleitet v. Peter Bruns, Fontes Christiani 5/1, Freiburg u.a. 1991, S. 44.
74 Dem. 6,1; Aphraatis sapientis Persae Demonstrationes 1–22, hg. u. übersetzt v. Jean Parisot, Patrologia Syriaca 1/1, Paris 1894, S. 249,7f; Aphrahat, S. 186).
75 Dem. 6,2f; Aphrahat, S. 188–190.

Typisch FeG – Gemeinde aller Generationen!?

Raphael Vach

Inwiefern gelingt es, dass unterschiedliche Generationen sich in einer Ortsgemeinde beheimatet fühlen können? Ist es unter soziologischen Gesichtspunkten heute überhaupt noch möglich? Ist es je möglich gewesen? Diese Fragen bewegen eine Gemeinde, wenn sie versucht, Junge und Alte in sich zu integrieren. De facto bilden sich schon heute Schwerpunktgemeinden. Doch woher kommt eigentlich der Anspruch, Gemeinde aller Generationen sein zu wollen? Ist er aus theologischer Warte angemessen? Kann sich Einheit durch alle Generationen auch in einer Zielgruppengemeinde verwirklichen?

Im Folgenden soll *die* klassische FeG-Ekklesiologie in Auszügen dargestellt werden. Dabei soll deutlich werden, welche Implikationen sich aus ihr für den Gemeindebau im Hinblick auf das Erreichen der nächsten Generation ergeben.

1. Zu den Anfängen: H.H. Grafes Bild von Gemeinde

Fragt man in einem kongregationalistischen Bund nach der Ekklesiologie, so ist die Antwort darauf naturgemäß bunt. Es gibt Unterschiede von Gemeinde zu Gemeinde, welche wiederum unterschiedlich stark dokumentiert worden sind. Fragt man jedoch nach dem Gemeindebild des Gründers der ersten FeG in Elberfeld-Barmen, H.H. Grafe, und nach seinem Verständnis von Einheit, lässt sich nicht nur ein recht gutes Bild zeichnen, sondern man trifft auch auf ein zentrales Thema von ihm.

Um welche Pole sich das Gemeindebild Grafes dreht, wird im Titel einer anonymen Schrift, die wahrscheinlich auf ihn zurückgeht, gut zusammengefasst: „Die Vereinigung der Kinder Gottes und ihre Trennung von der Welt". Dieses Bild konkretisiert sich am schärfsten, wo Grafe sich von anderen ekklesiologischen Modellen abgrenzt. Dazu zwei Schlaglichter aus der Entstehungszeit der ersten FeG.

1.1 Abgrenzung gegenüber der reformierten Landeskirche

Der Weg zur ersten Freien evangelischen Gemeinde führte über den von Grafe 1850 mitbegründeten „Brüderverein". In diesem Schritt kommt nicht nur Grafes evangelistisches Anliegen, sondern auch seine Überzeugung zum Ausdruck, dass der Träger der Mission nicht zugleich deren Gegenstand sein könne. Die wenige Jahre zuvor gegründete volksmissionarische Initiative, die Evangelische Gesellschaft, war daher für ihn keine Option.

Schon hier zeigt sich die für ihn typische Verbindung von Evangelisation mit einem bestimmten Gemeindebild. Dieses formuliert dann Grafe 1854 im Austrittsschreiben gegenüber dem Presbyterium der reformierten Kirche wie folgt: „Wir trennen uns deshalb von Ihrer Gemeine, weil die Gläubigen in derselben sich grundsätzlich nicht von der Welt trennen wollen, deren Feindschaft doch Gottes Feindschaft ist und bleibt."[1]

Zugleich endet das Austrittsschreiben mit der Versicherung, dass man sich mit den Gläubigen der Landeskirche als Glieder „eines Leibes aufs engste verbunden"[2] weiß.

1.2 Abgrenzung gegenüber den Baptisten

Während im Austrittsschreiben an die Reformierte Kirche stärker die „Trennung von der Welt" als das eine konstitutive Element in Grafes Ekklesiologie hervortritt, kommt das andere, die „Vereinigung der Kinder Gottes", bei seinem vergeblichen Versuch, Mitglied der örtlichen Baptistengemeinde zu werden, zum Vorschein.

Aus Sicht der Baptistengemeinde scheitert sein Aufnahmebegehren nur an dessen fehlender Glaubenstaufe. Grafe, dem die Kindertaufe zwar eine „Unwahrheit und Komödie"[3] ist, erachtet diese jedoch als Faktum, weshalb man keinen zwingen dürfe, sich erneut taufen zu lassen. Grafe gibt jedoch im Schreiben an die Baptistengemeinde zu

---

1 Hartmut Lenhard, Die Einheit der Kinder Gottes, Wuppertal 1977, S. 127.
2 Lenhard, Einheit, S. 127.
3 Lenhard, Einheit, S. 82.

erkennen, dass selbst, wenn er deren Taufauffassung teilen würde, er sich ihr nicht angeschlossen hätte. In der Forderung der Glaubenstaufe als Aufnahmebedingung drücke sich „Sektengeist" aus. Er begründet: Gehören „wir zusammen Christo an und somit seiner Kirche, so dürfen wir nicht nur, nein, wir müssen sogar auch zu Einer ausgesprochenen äußeren Gemeinde gehören."[4] Das ekklesiologische Modell der Baptisten verhindert nach Grafe, die Einheit des Leibes Christi in der Gemeinde zeichenhaft zu repräsentieren. Das aber war Grafes erstes Anliegen.

H. Lenhard kann daher als Fazit über den Weg H.H. Grafes zur Gemeindegründung schreiben: „Das Eintreten Grafes für die Eine Gemeinde Christi über alle konfessionellen Grenzen hinweg ist seine eigentliche Bedeutung für die Freien ev. Gemeinden. Sie werden nur dann rechte Freie ev. Gemeinden sein können, wenn bei ihnen Grafes grundlegender ekklesiologischer Gedanke nicht in Vergessenheit gerät."[5]

2. Die Aufnahme der Ekklesiologie Grafes im Bund FeG

Auch wenn der Bund FeG sich aus vielen Quellen speist, kann man sagen, dass das ekklesiologische Modell Grafes Aufnahme fand. Der damalige FeG-Präses K.H. Knöppel kann jedenfalls im Geleitwort zum Buch Lenhards 1977 schreiben: „Dieses Anliegen Grafes lebt."[6]

Als exemplarischer Beleg mag das Buch „Die Gemeinde Jesu Christi" von K. Bussemer gelten, welches mit sechs Auflagen zwischen 1905 und 1968 für die FeGs prägend wurde. Darin beschreibt er die Einheit Ortsgemeinde ähnlich markant wie Grafe. Wenn es heißt, „Gemeinde ist da, wo der Glaube an den von Gott gesetzten Mittler Jesus Christus in lebendiger Weise im Herzen wohnt",[7] sind Grenze und Weite dieser klar. Die Intention Grafes kommt aber erst dort zum

4   Lenhard, Einheit, S. 81.
5   Lenhard, Einheit, S. 152.
6   Lenhard, Einheit, S. 9.
7   Konrad Bussemer, Die Gemeinde Jesu Christi, Witten [6]1968, S. 16.

vollen Ausdruck, wo Bussemer fordert, „dass die Ortsgemeinde jeden wahren Gläubigen als Glied aufnimmt und keinem die Gemeinschaft verwehrt, der sie begehrt".[8]

Die Intention der Ekklesiologie Grafes, die Einheit des Leibes Christi in der Ortsgemeinde zeichenhaft darzustellen, bildet m.E. auch noch 1982 den Hintergrund der Definition von Altpräses P. Strauch im Standardwerk „Typisch FeG", in dem es heißt: „Die biblische Gemeinde kann nach der Überzeugung Freier evangelischer Gemeinden nur die Gemeinde der Glaubenden sein",[9] wenn betont wird, dass FeGs kein Sondergut hätten.[10] Zumindest teilweise wurde die FeG dann auch in der Außenwirkung als „Allianzgemeinde" (H. Steeb, Generalsekretär der Evangelischen Allianz in Deutschland) wahrgenommen, so z.B. wenn der Neukirchener Missionsinspektor J. Stursberg die Auffassung vertritt, nach der „die Freien evangelischen Gemeinden ... in unserer Zeit die überkonfessionelle neutestamentliche gläubige Gemeinde darstellen"[11] sollten.

Im Zusammenhang des Themas ist besonders bemerkenswert, wie in den offiziellen Ordnungen von 1947 und 1954 „die Ausbreitung des Evangeliums von Jesus Christus und der biblischen Gemeindewahrheit"[12] (§2) als Aufgabenbeschreibung des Bundes und der Gemeinden betont wird. Damit wird ein Zusammenhang zwischen Evangelisation und Gemeindebild hergestellt, der Grafe von Anfang an bewegte. Im Hintergrund kann man die Überzeugung Grafes hören: „Die Einheit und Einigkeit der Brüder ist die wirksamste Predigt von Christo für die Welt".[13]

8   Bussemer, Gemeinde, S. 19.
9   Peter Strauch, Typisch FeG. Freie evangelische Gemeinden unterwegs ins neue Jahrtausend, Witten ²1998, S. 29f.
10   Strauch, Typisch, S. 35.
11   Wilhelm Wöhrle / Heinz-Adolf Ritter, Die Freien evangelischen Gemeinden, Witten 1960, S. 63.
12   Hartmut Weyel, Evangelisch und frei. Geschichte des Bundes Freier evangelischer Gemeinden in Deutschland, Witten 2013, S. 301.
13   Lenhard, Einheit, S. 147.

3. FeG-Gemeindebild und das Erreichen der nächsten Generation

Wie hat sich die biblische Gemeindewahrheit auf das Bemühen um die nächste Generation ausgewirkt? Führte das Gemeindebild Grafes dazu, „Gemeinde aller Generationen" zu sein, also Einheit auch unter soziologischen Gesichtspunkten darzustellen? Was man konstatieren kann, ist, dass es von frühen Bundeszeiten an Bemühungen gab, die nächste Generation altersgerecht zu erreichen.[14] Aus Anlass des 150. Todestages von Grafe resümiert 1968 E. Schnepper diesbezüglich: „Die Generationsfrage und das Einfügen der Kinder in die Gemeinde war schon im Anfang ... eine gewisse Schwierigkeit ... hier wissen wir heute, sowenig wie Grafe damals, die rechte Antwort."[15]

Dass hinter dem „Einfügen der Kinder in die Gemeinde" auch ein Gemeindebild steht, macht H.-A. Ritter deutlich: „Wir haben im Bund keine starr organisierte Jugendarbeit und wollen sie auch nicht haben. Die Gemeinde Jesu ist die Familie Gottes, zu der Väter und Mütter, junge Männer und junge Mädchen und Kinder in Christus gehören. Die Jugend soll nicht neben der Gemeinde stehen."[16] Jedoch kann er auch schreiben: Am „Hochschulort verweisen wir sie in die örtlichen Gruppen der Studentenmission ... gelegentlich auch in Studentengemeinden".[17] Der Grundsatz in der Außendarstellung des Bundes lautet jedenfalls auch 1981: „Ziel der Jugendarbeit ist es ... sie hineinzuführen in die Ortsgemeinde ... Deshalb geschieht die Jugendarbeit ... von der Gemeinde her und zur Gemeinde hin."[18]

Auch als vier Jahre später P. Strauch in seinem Buch „Warum leben wir eigentlich nicht?" damit ringt, weshalb junge Leute fromme Traditionen aufgeben, steht kein neues Bild von Gemeinde zur Debatte.

---

14 Ab 1893 gab es z.B. schon eine Jugendzeitschrift „Timotheus", ab 1920 leitende Mitarbeiter auf Bundesebene für die bis 1937 bestehenden „Jünglingsvereine".
15 Wolfgang Dietrich (Hg.), Ein Act des Gewissens. Erinnerungen an Hermann Heinrich Grafe, Witten 1988, S. 70.
16 Wöhrle, Gemeinden, S. 138.
17 Wöhrle, Gemeinden, S. 138.
18 Ernst Wilhelm Erdlenbruch / Heinz-Adolf Ritter, Freie evangelische Gemeinden, Witten 31981, S. 25.

Das geistliche Leben der älteren Generation habe an Kraft verloren, analysiert er, und es komme zu einer „Verlagerung vom Leben auf die Form."[19] Die Form bekomme ein neues Gewicht, das sie so vorher nicht besessen habe und werde festgeschrieben. Die Jugendlichen suchten aber authentisches geistliches Leben, welches die Festschreibung der Form ihnen nicht leichter mache. Die Zeit, in der sie lebten, lehre sie zudem, sich als Maß aller Dinge zu sehen, sodass sie „nicht in der Lage seien, Spannungen durchzustehen".[20] Folglich votiert Strauch für ein authentisches geistliches Leben und ein Wachstum der Beziehungen zwischen den Generationen. Jugendkirchen sind nicht im Blick.

Ein Wandel in Diskussion und Praxis in Richtung Zielgruppengemeinden beginnt in dem Moment, wo Gedanken der Church-Growth- (MacGavran), der Church-Planting- und der Willow-Creek-Bewegung im Bund FeG verstärkt rezipiert werden. Damit treten zum einen verstärkt soziologische Faktoren in den Blickpunkt, die zum anderen teilweise „Gesetzmäßigkeiten des Gemeindewachstums" wie die kulturelle Homogenität anstreben, die im Widerspruch zu Grafes Gemeindebild stehen.[21] Die Ekklesiologien im Bund FeG sind seitdem vielfältiger geworden, die Antworten, die nächste Generation zu erreichen, auch.

4. Fazit

Das evangelistische Anliegen vieler FeGs zieht sich durch ihre Geschichte und ist immer wieder Motor, Gemeinde neu zu denken. Die für Grafe theologisch wichtige Verknüpfung von Evangelisation und Ekklesiologie hat sich dabei mittlerweile auch in der Gemeindebauforschung als wegweisend erwiesen. Deren Verhältnis zueinander ist

---

19 Peter Strauch, Warum leben wir eigentlich nicht? Weshalb junge Leute fromme Traditionen aufgeben, Witten ²1985, S. 65.
20 Strauch, Warum, S. 107.
21 Beispielhaft Manfred Beutel, Wie verändere ich meine Gemeinde, ohne sie zu ruinieren? Lernen von Willow Creek, Wuppertal 1998, S. 104: „Ihre Gemeinde wird nur wirklich weiterkommen, wenn Sie sich auf eine Zielgruppe spezialisieren."

jedoch neu zu bestimmen. Dazu zählt die Frage, inwiefern sich von der Schrift her die Einheit der Kinder Gottes in der Ortsgemeinde darzustellen hat, wie es das Anliegen Grafes war, und ob somit Gemeinde Gemeinde aller Generationen zu sein hat. Aus der Sicht der geistlichen Väter können rein soziologische Gründe nicht ausreichen, um diese Verhältnisbestimmung vorzunehmen,[22] genauso wie es sich aus der Liebe zu den Menschen verbietet, diese zu übergehen.

---

22 Bussemer, Gemeinde, S. 90: „Nur geistliche Gründe sollen entscheidend sein".

Gemeinde der Zukunft

Herausforderungen für die christliche Gemeinde[1]

Johannes Demandt

1. Acht Thesen

Eine christliche Gemeinde ist christlich, weil sie an Jesus Christus glaubt. Das mag banal klingen, ist es aber nicht. An Jesus Christus glauben kann eine Gemeinde nur, weil die zu ihr gehörenden Menschen durch die Wirkung des Heiligen Geistes den gekreuzigten und auferstandenen Jesus Christus als ihren Herrn und Heiland erkennen. Diese Erkenntnis ist kein einmaliger und nur verstandesmäßiger Akt, sondern sie vollzieht sich im Laufe unseres Lebens immer neu im Hören auf Gottes Wort, im Gebet und in der gelebten Gemeinschaft mit Schwestern und Brüdern, sie berührt alle unsere Lebensbereiche. Kein Mensch kennt die Zukunft. Nach menschlichem Ermessen werden wir uns jedoch in den nächsten Jahrzehnten darauf einstellen müssen, dass wir als christliche Gemeinden zu größerer Klarheit und stärkerer Orientierung am Evangelium herausgefordert sind. Jesus Christus spricht seinen Nachfolgern zu: „Ihr seid das Salz der Erde … Ihr seid das Licht der Welt" (Mt 5,13f). Wie eine Stadt auf dem Berg kann eine Gemeinde in ihrer Umgebung nicht verborgen bleiben, auch wenn sie nie eine „ideale", „perfekte" Gemeinde sein wird. Im Folgenden sollen acht Aspekte einer „Gemeinde der Zukunft" hervorgehoben werden.

1. Die Gemeinde der Zukunft wird zuerst *eine empfangende Gemeinde* sein. Wenn sie meint, schon alles zu haben und reich zu sein, wird ihr das Wesentliche fehlen (Offb 3,17). Weil sie weiß, dass sie – auf sich allein gestellt – vor Gott arm ist, kommt sie regelmäßig zum Gottesdienst zusammen, um sich von Gott dienen zu lassen, um von

---

1 Die acht Thesen sind erstmals unter dem Titel „Die Herausforderungen der Zukunft. Das Salz der Erde und das Licht der Welt" erschienen in: Leben. Glauben. Mittendrin! Festschrift zum 150-jährigen Bestehen der Freien evangelischen Gemeinde Essen-Mitte, 27. August 2015, S. 14-15.

ihm geistliche Nahrung zu empfangen. Weil sie vom Empfang des Wortes und Geistes Gottes lebt, sind alle anderen Dinge für sie zweitrangig. Nicht irgendwelche Aktionen stehen an erster Stelle, sondern immer neu das erwartungsvolle Hören des Wortes Gottes und das Bewegtwerden vom Heiligen Geist (Röm 8,14; 10,17; 1Kor 4,7; Mk 10,15; Lk 11,13).

2. Die Gemeinde der Zukunft wird durch dieses Empfangen zu *einer diakonischen Gemeinde.* Sie wird den Menschen – so gut sie kann – dienen. Nicht zuallererst mit Worten, sondern mit zweckfreier Zuwendung zum Mitmenschen aus Liebe. Sie wird gekennzeichnet sein durch echtes Interesse an den Menschen, ohne sich ihnen aufzudrängen oder gar übergriffig zu werden. Sie nimmt das Wort „Herausforderung" wörtlich: Sie stellt sich der Forderung, aus dem manchmal allzu gemütlichen Raum der Privatwohnung und der Gemeinde herauszutreten in die raue Wirklichkeit der Gesellschaft. Sie wird sich nicht um alle Probleme der Welt kümmern können und müssen, wohl aber beherzt in einem überschaubaren Rahmen Zeichen der Liebe Gottes setzen (Röm 5,5; Gal 5,6b).

3. Die Gemeinde der Zukunft wird *eine Gemeinde mit verständlicher Verkündigung des Evangeliums* sein. Wo immer es möglich ist, bezeugt sie den gekreuzigten, auferstandenen und wiederkommenden Jesus Christus als Heil der Welt (2Kor 4,5; 5,11.14f.19f). Sie bemüht sich darum, dieses Evangelium in der Sprache ihrer Zeit und auf unterschiedliche Art so verständlich wie möglich zu verkündigen, damit Menschen zum Glauben finden. Ungebildete sollen nicht durch Eingebildete daran gehindert werden, das Evangelium zu verstehen. Die Gemeinde fördert aber mit biblischer Lehre und Verkündigung eine individuelle Bildung, die den persönlichen Glauben und die Wahrnehmung von Gottes Handeln in der Welt stärkt (Mk 10,13-16; 1Kor 1,18–2,10; Ps 119,104.130).

4. Die Gemeinde der Zukunft wird *eine Gemeinde ohne Machtstreben* sein. Sie wird zwar immer auch der Versuchung ausgesetzt sein, nach Macht und Einfluss zu streben. Mit der ständigen Bitte um die Kraft des Geistes wird sie dieser Versuchung aber oftmals widerstehen. Die Orientierung an Jesus (Mt 4,8-11; 20,25-28) wird ihr die Kraft geben, die eigene Ohnmacht anzunehmen, unter Umständen sogar ins Leiden geführt zu werden, in jedem Falle aber allein auf die Macht Gottes zu setzen. So wird ihr Leben mehr und mehr zu einem Gottesdienst, in dem allein Gott angebetet wird. So gewinnt sie Glaubwürdigkeit.

5. Die Gemeinde der Zukunft wird *keine fehlerlose Gemeinde* sein, weil eine christliche Gemeinde zu jeder Zeit ausschließlich aus Sündern besteht. Aber gerade weil sie sich ihrer eigenen Schuld, ihrer Grenzen und Brüche bewusst ist, wird sie offen sein für Menschen, die an ihrer Schuld, ihren Grenzen und Brüchen leiden. Zu ihrem Gemeindeleben wird es – am Sonntag wie im Alltag – gehören, sich wechselseitig als gnadenbedürftige Geschöpfe Gottes wahrzunehmen, sich in Worten und Gesten gegenseitig die Gnade Gottes zuzusprechen und so Kraft und Mut für ihre Aufgaben zu gewinnen (Lk 19,10; Joh 8,7.11; 1Joh 1,7-9).

6. Die Gemeinde der Zukunft wird eine solche sein, die *um Einheit bemüht und auf den Grund ihrer Hoffnung ansprechbar* ist (Joh 17,21; Eph 4,1-6; 1Petr 3,15). Sie wird eine ihren Glauben öffentlich bekennende („konfessionelle"), aber keine konfessionalistische Gemeinde sein. Das heißt: Sie wird sich nicht so sehr um Abgrenzung von anderen, vermeintlich mit weniger „richtigen" Erkenntnissen ausgestatteten christlichen Konfessionen bemühen, sondern mit aller Kraft und Fantasie Brücken schlagen zu Gemeinden und Kirchen, die mit anderer Geschichte und Frömmigkeit mit demselben Herrn Jesus Christus verbunden sind und ihm dienen. Die möglichst glaubwürdige Darstellung christlicher Einheit wird eines ihrer wichtigsten Ziele sein. Nicht als Selbstzweck, sondern damit die Welt glaubt, dass Gott der Vater seinen Sohn Jesus zu ihrem Heil gesandt hat und dieser Jesus wiederkommen wird in Kraft und Herrlichkeit (Joh 14,3; Lk 21,27). Die Gemeinde der Zukunft wird ein deutliches Zeichen der Zukunft Gottes für die Welt sein und so Vorfreude auf das endgültige Reich Gottes wecken.

7. Die Gemeinde der Zukunft wird *eine von unterschiedlichen Graden der Verbindlichkeit geprägte Gemeinde* sein. Damit ist nicht gemeint, dass die Gestalt des Glaubens und der Nachfolge von vornherein der Beliebigkeit preisgegeben und einem totalen Individualismus geopfert wird. Wohl aber muss die Gemeinde ein Raum für unterschiedliche Altersgruppen, Lebensentwürfe und Stadien geistlicher Entwicklung sein. Auf der Basis einer gesunden biblischen Lehre, die eine zeitgemäße Auslegung einschließt, wird sich die Gemeinde einen (wegen ihrer begrenzten Erkenntnis grundsätzlich revidierbaren) ethischen Rahmen geben, der jenseits von Rigorismus und Gleichgültigkeit einen verantwortlichen Spielraum für unterschiedliche Überzeugungen lässt. Lässt sich die Gemeinde von der Liebe Christi regieren, so überfordert sie keinen, fördert aber auf alle mögliche Weise die lebendige Beziehung zu Jesus Christus und untereinander (Röm 14,1-13; 1Kor 13,9.13).

8. Die Gemeinde der Zukunft wird *eine gastfreundliche und internationale Gemeinde* sein. Weil Gottes Heilswille die ganze Welt betrifft und im zukünftigen Reich Gottes Menschen aus allen Weltgegenden Platz finden und miteinander feiern werden (Jes 49,6; Mt 24,14; 28,19; Lk 13,29; Joh 3,16), gilt es, sich in großer Offenheit darauf einzustellen. Statt sich in provinzieller oder gar nationalistischer Abschottung nur selbst zu gefallen, lässt sich die Gemeinde der Zukunft durch den Geist Gottes zu einer gastfreundlichen und internationalen Gemeinschaft umformen (Hebr 13,2; 3Joh 5-8). Unter dem gemeinsamen Herrn Jesus Christus lernen die Glaubenden verschiedenster Nationalitäten und Prägungen einen respektvollen Umgang miteinander – zur Freude aller und zum Lob Gottes.

„Der Gott der Hoffnung aber erfülle euch mit aller Freude und Frieden im Glauben, dass ihr immer reicher werdet an Hoffnung durch die Kraft des Heiligen Geistes" (Röm 15,13).

2. Näherbestimmungen zu den Thesen 7 und 8

7. Die Gemeinde der Zukunft wird eine von unterschiedlichen Graden[2] der Verbindlichkeit geprägte Gemeinde sein.

7.1 Eine Gemeinde ohne jegliche Verbindlichkeit gibt es nicht, sie wäre ein Widerspruch in sich selbst. Denn „Gemeinde" ist per

---

2 Ein Teilnehmer des Workshops schlug vor, statt von „Graden" von „Formen" der Verbindlichkeit zu sprechen. Allerdings geht es mir durchaus um die unterschiedliche Intensität von Verbindlichkeit.

definitionem die durch Gottes Geist gewirkte Verbindung der Glaubenden mit ihrem Herrn Jesus Christus und untereinander und als solche mehr als die Summe ihrer Glieder. Verbindlichkeit als solche ist deshalb auch nicht nur ein Kennzeichen westlicher oder pietistischer Gemeindekultur, sondern eine Wirkung des Evangeliums. Diese theologische Bestimmung von Gemeinde ist abzugrenzen gegen ein durch menschliche Initiative erfolgtes „Zusammentreten" gläubiger Individuen, wie es teilweise im Pietismus und von ihm beeinflussten Strömungen wie z.b. im Liberalismus Schleiermachers und im heutigen Evangelikalismus anzutreffen ist.[3] Der Gedanke „Wir machen Gemeinde" ist höchst problematisch, denn nur Gott schafft und baut Gemeinde.

Bei aller Verschiedenheit zeigt uns das Neue Testament Gemeinde als grundsätzlich offen für alle Altersgruppen und sozialen Schichten. Verbindlichkeit bedeutet die Bereitschaft, sich durch Gottes Geist mit allen verbinden zu lassen, die Jesus Christus als ihren Herrn anerkennen. Weil wir von uns aus Gemeinde nicht herstellen können, können wir auch nicht diese Vielschichtigkeit herstellen. Deshalb ist es in Ordnung, wenn eine Gemeinde in einem Übergangsstadium für nicht allzu lange Zeit nur ein oder zwei Altersgruppen und soziale Schichten abbildet. Sie muss aber dem Heiligen Geist prinzipiell gestatten, an ihr das Wunder des Verbindens vieler Altersgruppen und Schichten zu tun. Kaum eine Gemeinde wird alle Schichten erreichen, aber Gottes Geist erweitert den Horizont der Gemeinde. Verschließt sie sich diesem Wirken, so gefährdet sie die Einheit des Leibes Christi, die immer zur Sichtbarkeit hinstrebt. Gemeinde ist ein dynamisches Geschehen.

7.2 Die Bejahung „unterschiedlicher Grade von Verbindlichkeit" war zu allen Zeiten eine notwendige, wenngleich oft vernachlässigte

---

3   Friedrich Schleiermacher, Der christliche Glaube, Berlin 1821, S. 202, § 115, These: „Die christliche Kirche bildet sich durch das Zusammentreten der einzelnen Wiedergeborenen zu einem geordneten Aufeinanderwirken und Miteinanderwirken." Darunter versteht Schleiermacher ein Gottesbewusstsein durch Einswerden mit Christus; vgl. a.a.O., § 107 (S. 139). Die rein soziologische Betrachtungsweise wird der ekklesiologischen Kernfrage nicht gerecht: Konstitutiv für das Entstehen der Gemeinde ist Christus, der die Menschen durch den Heiligen Geist ruft und sammelt.

Entscheidung. Sie erhält heute in unserem Kulturkreis aufgrund der veränderten Lebenswirklichkeit eine zunehmende Bedeutung. Kommt es nicht zu dieser Bejahung, dann dürfen wir uns nicht darüber wundern, wenn Gemeinde als permanente Überforderung erlebt wird. Die zeitintensive Mitarbeit (fast immer) gesunder Gemeindeglieder und Freunde „im besten Alter" erleben wir als Gottesgeschenk, sie scheint für unsern Gemeindetyp unverzichtbar zu sein, darf aber nicht zur Norm erhoben werden. Es hilft im Gemeindeaufbau nicht weiter, wenn wir eine vergleichsweise geringe Verbindlichkeit nur beklagen. Besser ist es, sie zu verstehen und angemessen mit ihr umzugehen.

Ein junger Kollege berichtete kürzlich im Pastorenkonvent: Menschen, die zweimal im Jahr zum Gottesdienst kommen, sagen: „Wir gehören zu euch." Dasselbe kenne ich auch von einigen Gästen in unserer Gemeinde. Soll ich ihnen diese Überzeugung etwa bestreiten? Das wäre töricht. Nein, sondern ich stelle – mit Verwunderung – fest: Die Kriterien haben sich geändert. Das Dazugehören wird oftmals anders verstanden, als es vor Jahren der Fall war.

Ich sage nichts Neues, wenn ich als Indiz für eine veränderte Lebenswirklichkeit beispielsweise nenne: Die zunehmende Flexibilität der beruflichen Arbeitszeiten; das in manchen Berufssparten wie etwa den Pflegeberufen anzutreffende Phänomen, dass immer weniger Personal in immer kürzerer Zeit immer mehr leisten muss. Die daraus resultierenden Erschöpfungszustände müssen irgendwie kompensiert werden, dies geschieht oft zulasten des gemeindlichen Engagements. Die große Mobilität führt dazu, dass am Wochenende der Gottesdienst mit vielen Alternativangeboten konkurriert.

Die Gemeinde muss ein Freiraum für unterschiedliche Altersgruppen, Lebensentwürfe und Stadien geistlicher Entwicklung sein. Damit verknüpfen sich in aller Regel unterschiedliche Grade von Verbindlichkeit. Junge Menschen haben durch Schule, Studium oder Berufsausbildung oft wenig Zeit, sich in der Gemeinde so einzubringen, wie wir Pastoren und Älteste es vielfach wünschen. Entsprechendes gilt für die beruflich oftmals hoch beanspruchte mittlere Generation. Nicht alle älteren Gemeindeglieder sind noch „rüstige Rentner", sondern vielfach durch gesundheitliche Einschränkungen an einer regelmäßigen Präsenz gehindert – und dennoch gehören sie ganz zur Gemeinde.

Als Konsequenz kommen wir wohl nicht um die Konzeption auch neuer Formate unseres Gemeindelebens herum. Der Hörfunk- und Fernsehjournalist Andreas Malessa hielt kürzlich einen beachtlichen Vortrag, in dem er das vielfältige Angebot von Gemeinden abgrenzte gegen ein „Cinemax mit 9 verschiedenen Kinosälen".[4] Ich stimme ihm zu. Sonst wäre die Gefahr groß, dass wir aneinander vorbei leben, statt Einheit zu leben. Wie aber können neue Formate aussehen? Darum soll es im anschließenden Gespräch gehen.

7.3 Ein niedriger Grad an Verbindlichkeit ist nicht zwingend mit „Beliebigkeit" und „totalem Individualismus" verbunden. Beides kann zwar dicht beieinanderliegen, muss aber unterschieden werden.

7.3.1 Ich denke an ein Ehepaar unserer Gemeinde, das im Durchschnitt vielleicht zweimal im Monat zum Gottesdienst kommt. Konservativ wie ich bin, empfinde ich das als zu wenig. An den anderen zwei Sonntagen vermisse ich die beiden sehr, ihr zu seltener Gottesdienstbesuch erscheint mir nicht als vorbildlich. Korrigiert werde ich durch die Information, dass jenes Ehepaar über Jahre hinweg einmal im Monat jeweils einige Hundert Kilometer zu seinen pflegebedürftigen Eltern fährt. Andere Wochenenden sind durch Besuche bei ihren Kindern oder durch Hilfe für Flüchtlinge besetzt. Das ist in Ordnung, verändert aber das traditionelle Gemeindeverständnis Freier evangelischer Gemeinden.

7.3.2 Aber auch Menschen, die sich nicht in ähnlicher Weise engagieren und eine nur geringe Verbindlichkeit eingehen, sollen ihren Platz in der Gemeinde haben. Vielleicht haben sie einen nichtchristlichen Hintergrund, dem Verbindlichkeit völlig fremd ist, oder sie haben schlechte Erfahrungen mit einer Gemeinde gemacht, die sie vereinnahmt oder nicht ernst genommen hat, oder sie kommen aus einer persönlichen Krisenerfahrung. Solche Menschen brauchen Zeit, um Vertrauen zu entwickeln. Ohne Vertrauen keine Bereitschaft zu mehr Verbindlichkeit! Vertrauen und Verbindlichkeit sind wachstümliche Prozesse, sie sind Früchte des Geistes und keine mechanischen Produkte.

---

4   Vortrag für Leitungskreise am 20.2.2016 in der Freien evangelischen Gemeinde Moers.

7.4 Die Basis eines solchen Gemeindeverständnisses muss eine gesunde biblische Lehre sein, die eine zeitgemäße Auslegung einschließt. Nach reformatorischem Verständnis heißt das: Orientierung an Jesus Christus als der „Mitte der Schrift", zu der hin alle anderen Inhalte auszurichten sind. Verhaltensweisen der ersten Christen sind nicht im Verhältnis eins zu eins zu kopieren, sondern sachgemäß oder besser geistgemäß zu transponieren. Klar ist, dass es auch in den ersten Gemeinden unterschiedliche Grade von Verbindlichkeit gegeben hat und geben durfte.

7.5 Die Gemeinde der Zukunft wird sich einen (wegen ihrer begrenzten Erkenntnis grundsätzlich revidierbaren) ethischen Rahmen geben, der jenseits von Rigorismus und Gleichgültigkeit einen verantwortlichen Spielraum für unterschiedliche Überzeugungen lässt. Dazu einige Beispiele aus der jüngeren Geschichte und Gegenwart:

7.5.1 Nach dem Zweiten Weltkrieg haben unsere Gemeinden die beiden Möglichkeiten des Grundgesetzes bejaht, dass junge Männer entweder den Wehrdienst ableisten oder den Kriegsdienst verweigern. Auch wenn es für den Einzelnen meist nur *eine* richtige Entscheidung gab, haben die Gemeinden prinzipiell beide für ethisch vertretbar angesehen.

7.5.2 Die Sympathie für eine politische Partei ist bekanntlich auch in unsern Gemeinden sehr unterschiedlich ausgeprägt. Auch wenn es mitunter zu leidenschaftlichen Plädoyers für eine bestimmte Partei kommt, gibt es doch einen weitgehend anerkannten Rahmen: Akzeptabel sind die Parteien, die für einen freiheitlich-demokratischen Rechtsstaat eintreten. Dies ist ein grober Rahmen, der immer neu zu diskutieren ist, aber es ist ein sinnvoller Rahmen.

7.5.3 In unseren Gemeinden wird ein sehr unterschiedlicher Umgang mit Geld praktiziert. Die einen geben für die Sache Gottes selbstverständlich ihren Zehnten vom Bruttoeinkommen, manche auch noch mehr, andere geben vielleicht nur 2 %, obwohl sie mehr geben könnten. Das wird toleriert, in einzelnen Fällen allerdings auch kritisiert.

7.5.4 Aktuell muss in den Gemeinden in sexualethischen Fragen neu um einen verantwortbaren Rahmen gerungen werden. Wie viel Zeit dafür nötig ist und wie das Ergebnis aussehen wird, lässt sich m.E. nicht vorhersagen. Grundsätzlich aber muss gelten: Lässt sich die Gemeinde von der Liebe Christi regieren, so überfordert sie keinen, fördert aber auf alle mögliche Weise die lebendige Beziehung zu Jesus Christus und untereinander.

8. Die Gemeinde der Zukunft wird eine gastfreundliche und internationale Gemeinde sein.

8.1 Gottes Heilswille gilt der ganzen Welt. Jesus sagt, dass im zukünftigen Reich Gottes Menschen aus allen Weltgegenden Platz finden und miteinander feiern werden.[5] Schon von dieser Zukunftsperspektive her verbietet es sich, dass wir uns selbst als Mittelpunkt der Welt betrachten, um den sich alles drehen muss. Erst recht aber vom paulinischen Grundsatz: „Wir verkündigen nicht uns selbst, sondern Christus als den Herrn."[6] Dies hat Folgen für die Gestaltung des Gemeindelebens.

8.2 Es gilt, sich in großer Offenheit auf die Weite des Reiches Gottes einzustellen. Statt sich in provinzieller oder gar nationalistischer Abschottung nur selbst zu gefallen, lässt sich die Gemeinde der Zukunft durch den Geist Gottes zu einer gastfreundlichen und internationalen Gemeinschaft umformen. Das Motiv dazu ist nicht unsere eigene „gnädige" Herablassung gegenüber den ach so bedürftigen Ausländern, sondern allein die selbst erfahrene Gnade Gottes in Jesus Christus. „Umsonst habt ihr es empfangen, umsonst gebt es weiter!"[7]

Das Plädoyer für Gastfreundschaft und Internationalität der Gemeinde bezieht seine Kraft nicht aus einer Ablehnung oder Geringschätzung der eigenen Heimat. Zwei andere Gründe sollen uns öffnen:

a) Die Erkenntnis, dass auch wir hier keine bleibende Stadt haben, sondern unterwegs sind zur zukünftigen Stadt Gottes. Wir berauben uns der Freiheit und Leichtigkeit eines Durchreisenden, wenn wir uns am vermeintlichen Besitz eines kleinen Fleckchens Erde festklammern, das uns doch über Nacht genommen werden kann.

b) Mich überzeugt der Slogan, der vor einigen Jahren bekannt wurde: „Alle sind Ausländer – fast überall." Wir brauchen diese neue Perspektive auch und besonders für die Gemeinde von morgen. Wie

5   Lk 13,29.
6   2Kor 4,5.
7   Mt 10,8.

segensreich es für den Gemeindebau sein kann, selber Ausländer zu sein, zeigen z.B. Dietrich Bonhoeffers wichtige Erfahrungen in Barcelona, New York und London.[8] Ähnliche Auslandserfahrungen haben längst auch viele von uns gemacht, sie sind ein Segen. Aktuell verändert Gott uns auch durch die Flüchtlingsströme, ohne dass die damit verbundenen Probleme leicht zu lösen sind.

8.3 Gastfreundschaft will gelernt werden. Es geht auch hier um einen Lernprozess, der Zeit braucht. Wer von heute auf morgen alles verändern will, gefährdet die Einheit. Es müssen Übergänge gestaltet werden. Menschen, die eine ausgeprägte Gabe der Gastfreundschaft haben, können von ihren Erfahrungen erzählen und dadurch andere ermutigen, es ihnen gleichzutun.

Unter dem gemeinsamen Herrn Jesus Christus lernen die Glaubenden verschiedenster Nationalitäten und Prägungen einen respektvollen Umgang miteinander – zum Lob Gottes.

---

8   Vgl. Eberhard Bethge, Dietrich Bonhoeffer. Eine Biographie, München 1970, S. 129ff.183ff.379ff.

Intergenerationelle Aspekte des pastoralen Alltags

Arndt Elmar Schnepper

Pastoren und Pastorinnen werden regelmäßig mit der Frage nach den jüngeren Generationen konfrontiert. Entweder ist die neue Generation in der Gemeinde schon präsent – dann werden wir versuchen, sie zu halten und zu fördern. Oder die neue Generation ist nicht mehr vorhanden oder noch nicht da – dann werden wir hoffentlich alles daran setzen, dass sie kommt und möglichst auch bleibt. Im Folgenden möchte ich aus pastoraltheologischer Sicht skizzieren, wie sich Pastoren und leitende Mitarbeiter dem Phänomen der jüngeren Generationen stellen können. Konkret geht es um die intergenerationelle Dimension des pastoralen Alltags. Oder etwas salopp formuliert: „Wie gehe ich als Pastor und Pastorin mit jungen Menschen um?" In fünf Schritten benenne ich verschiedene Gesichtspunkte, wie sie heute in den Sozialwissenschaften diskutiert werden. Ich werde sie in der gebotenen Kürze darstellen, sie in einen biblisch-theologischen Kontext setzen und dann versuchen, sie in den pastoralen Alltag zu übersetzen.[1]

1. Nichttrivial versus Trivial

Der erste Gesichtspunkt betrifft die Frage, inwieweit wir auf junge Menschen einwirken können. Es erscheint mir wichtig, dass wir uns hier um eine gewisse Sachlichkeit bemühen. Unsere Möglichkeiten sind nämlich nur begrenzt. Ich möchte an dieser Stelle einige Überlegung von Niklas Luhmann einführen. Neben Jürgen Habermas ist Luhmann sicherlich der bedeutendste Soziologe im deutschsprachigen

---

1 Warum die Anleihe bei den Sozialwissenschaften? Natürlich behält die altprotestantische Lehre der „sufficientia scripturae sacrae" ihr Recht. Meine Beobachtung ist allerdings die, dass insbesondere bei pastoraltheologischen Fragestellungen die Sozialwissenschaften helfen, wichtige Sachverhalte in der Bibel neu zu sehen.

Raum. Er gilt nicht als der klassische Soziologe im Elfenbeinturm, sondern äußert sich zu etlichen Themen recht fundiert, etwa auch zur Pädagogik. Eine Frage, die ihn beschäftigte, war, inwieweit ein Pädagoge seine Schüler eigentlich beeinflussen kann. Sein bemerkenswertes Fazit lautete: Nur sehr bedingt.[2]

So unterscheidet Luhmann zwischen „Trivialmaschine" und „Nicht-Trivialmaschine".[3] Wir sollten uns von den recht technisch klingenden Begrifflichkeiten nicht abschrecken lassen, um den springenden Punkt wahrzunehmen. Eine „triviale Maschine" kennen wir etwa aus der Mechanik oder den digitalen Medien. Es gibt einen Input, der einen Prozess durchläuft und woraus sich ein Output ergibt. Das Ergebnis ist in aller Regel determinierbar, es ist unabhängig von anderen externen Faktoren. Anders liegt der Fall bei „nicht-trivialen Maschinen". Hier existiert zwischen Input und Output ein variables Verhältnis. Zu solchen nicht-trivialen Maschinen zählt Luhmann psychische Systeme, also in diesem Fall den Schüler. Für Pastoren wäre hier an den Biblischen Unterricht, die Jugendgruppe oder einen Mitarbeiterkreis zu denken. Und die Erfahrung stimmt ja: Wir geben dort einen Input, aber wie der Output ausgeht, ist noch lange nicht ausgemacht. Denn der junge Mensch reflektiert, denkt sich seinen Teil, wägt ab und vieles mehr. Das Ergebnis in der Schule und in der Gemeinde ist also niemals ausgemacht.

Dieses Modell von Luhmann erinnert uns an die biblische Einsicht, dass Menschen und vor allem die jungen unter ihnen keineswegs trivial veranlagt sind. Auch wenn der Mensch über keinen freien Willen verfügt, das Heil zu ergreifen, so ist er dennoch ein vernunftbegabtes Geschöpf mit Verstand und Verantwortlichkeit. Mit anderen Worten: Wir können auch mit viel Glauben und Gebet keine Bewusstseinsverläufe konstruieren. Junge Menschen sind eigenständige Persönlichkeiten. Sie reagieren, wie sie wollen, und das unterscheidet sich manchmal eklatant von dem, was Ältere möchten. Darum gehören Generationsmissverständnisse und Generationskonflikte zum Leben dazu, und sie sind auch Bestandteil jeder Gemeinde. Nicht weil ältere

2   Vgl. Niklas Luhmann, Erziehender Unterricht als Interaktionssystem, in: ders., Schriften zur Pädagogik, hg.v. Dieter Lenzen, Frankfurt/M. 2004, S. 11-22.
3   Luhmann, Unterricht, S. 14.

Pastoren alles falsch machen, sondern weil das Miteinander ziemlich kompliziert sein kann.

Das Bild, das die Bibel hier zeichnet, ist ernüchternd. Wir kennen die Geschichten von Jakob und seinen Söhnen. Tragisch ist die Beziehung zwischen David und seinem Sohn Absalom. Und bekannt ist auch das schwierige Verhältnis zwischen Samuel und seinen Söhnen Hofni und Pinhas. Und dem Neuen Testament ist dieser Sachverhalt auch nicht fremd. Die Ermunterung in 1. Timotheus 4,12: „Niemand verachte dich wegen deiner Jugend" ergibt ja nur Sinn, wenn ein Konflikt zwischen jüngeren und älteren Amtsträgern vorliegt. Das ist der biblische Realismus. Und ich schlage vor, dass wir den biblischen Realismus nicht gegen einen frommen Idealismus eintauschen. Es würde der Geschichte und auch der Gegenwart nicht genügend Rechnung tragen. Auch in Zukunft wird es zwischen älteren Pastoren und jüngeren Mitgliedern zu Missverständnissen kommen. Auch in der nächsten Zeit werden Gemeinden und jüngere Generationen sich gegenseitig irritieren. Also, keine Sorge: Unsere intergenerationelle Tätigkeit hält noch reichlich Enttäuschungen und Konflikte für jeden von uns bereit.

Dennoch bedeutet Nicht-Trivialität natürlich nicht, dass alles misslich ausgeht. Das erleben weder Pädagogen noch Pastoren so. Es ist eben nur nicht immer vorhersagbar. Die Bibel enthält viele Beispiele eines gelingenden Zusammenlebens zwischen älteren und jungen Menschen. Ich erinnere an die Versöhnung zwischen Joseph und seinem Vater Jakob und seinen älteren Brüdern. Im Buch Ruth wird die eindrückliche Geschichte zwischen einer Schwiegertochter und einer Schwiegermutter berichtet. Und dann gibt es die alte Weissagung des Propheten Maleachi, der ein Zusammenfinden der Generationen am Ende der Zeiten weissagt: „Siehe, ich will euch senden den Propheten Elia, ehe der große und schreckliche Tag des HERRN kommt. Der soll das Herz der Väter bekehren zu den Söhnen und das Herz der Söhne zu ihren Vätern, auf dass ich nicht komme und das Erdreich mit dem Bann schlage" (Mal 3,23-24). Und es ist eben diese Weissagung, die der Evangelist Lukas mit dem Auftritt Johannes des Täufers und so auch mit dem Kommen von Christus verknüpft (Lk 1,17). Und dann Jesus selbst. Das Johannes-Evangelium berichtet, dass Jesus im

Moment seines Sterbens die Generationen zusammenführt – mit dem Ergebnis, dass sein Lieblingsjünger seine Mutter Maria bei sich aufnimmt.

Mein Eindruck ist: Wenn wir vom Miteinander der Generationen in unseren Gemeinden sprechen wollen, dann können wir es ehrlicherweise nur antithetisch tun. Erfolg ist möglich, aber den Misserfolg werden wir nicht vermeiden können. Das Miteinander war oft problematisch und wird auch problematisch bleiben. Dennoch kann es gelingen, es ist auch oft gelungen und besitzt viele Verheißungen.

2. Habitus versus Hexis

Wenn es beim Miteinander der Generationen alles andere als trivial zugeht, worauf können sich Pastoren und Pastorinnen besinnen? Ich möchte an dieser Stelle einen Begriff vorstellen, der von dem französischen Soziologen Pierre Bourdieu geprägt wurde: den „Habitus".[4] Nach Bourdieu ist der Habitus eine Mischung von bewusstem und unbewusstem Verhalten. Er ist nicht angeboren, er wird erworben. Und er entwickelt sich in der Auseinandersetzung mit der Umwelt und in der Interaktion mit anderen Menschen. Es ließe sich auch sagen, der Habitus sei die grundlegende Haltung oder der persönliche Stil, die eine Person und ihr Handeln prägt.

Manchmal sprechen wir ja von einem pastoralen Habitus und verbinden damit eher negative Konnotationen, etwa eine erhöhte Stimme beim Beten oder ein feierliches Gesicht beim Predigen. Oder wir denken an einen steifen Gang, als hätte die betreffende Person eine Besenstange verschluckt. Das ist aber nach Bourdieu nicht mit einem Habitus gemeint. Habitus ist das, was wir an Wissen und Erfahrungen verinnerlicht haben und womit wir auf verschiedenste Situationen reagieren. Manchmal geschieht das reflektiert, manchmal aber auch aus dem Affekt heraus. Der Habitus ließe sich somit auch als eine innere Steuerung oder eine Handlungsgrammatik bezeichnen.

---

4   Vgl. die zusammenfassende Darstellung von Beate Krais / Gunter Gebauer: Habitus, 6. Auflage, Bielefeld 2014 (2002).

Im Anschluss daran spricht Bourdieu auch von der Hexis.[5] Eigentlich ist die Hexis nur der griechische Begriff für das lateinische Wort Habitus. Aber bei Bourdieu weist die Hexis auf etwas anderes hin. Wenn der Habitus die innere Einstellung ist, dann ist die Hexis die äußere Erscheinungsform, der äußere Stil des Menschen. Sie umfasst Haltung, Mimik, Gestik und Sprache. Mit Blick auf die generationsübergreifende Arbeit empfinde ich diese Unterscheidung von Hexis und Habitus ausgesprochen hilfreich. Ich möchte das mit meiner persönlichen Biografie unterstreichen. Ich erinnere mich noch vage an meine Zeit als leitender Jugendpastor in Hamburg. Mein Eindruck war damals durchaus, dass ich die notwendige Nähe und den Habitus für die Jugendlichen besaß. Aber ich wollte natürlich noch näher dran sein und arbeitete deshalb an meiner Hexis. Etwa bei der Kleidung oder bei der bewussten Integration der Jugendsprache. Das Problem ist nur: Bis auf die wenigen Universalgenies und Berufsjugendlichen hält das niemand lange durch. Die meisten Pastoren und Pastorinnen würden auf Dauer lächerlich wirken, wollten sie durch ihre Hexis Vertrauen bei jungen Menschen gewinnen.

Positiv formuliert: Je älter wir werden, desto mehr sollten wir unseren Habitus gegenüber jüngeren Generationen bedenken und reflektieren. Ich denke, das war auch gemeint, als Paulus davon sprach, den Juden ein Jude zu werden (1 Kor 9,20). Es ging dort nicht vornehmlich um die Gestaltung der Hexis, im Fokus stand vor allem der Habitus, aus dem sich natürlich auch äußere Erscheinungsformen heraus entwickeln können. Auf unsere Fragestellung bezogen: Wir müssen bei jungen Generationen nicht alles verstehen – aber wir sollten lernen, Verständnis zu zeigen. Wir müssen auch nicht alles ähnlich empfinden, wir sollten aber immer Raum für Empfindungen geben. Und: Wir müssen nicht alles erleben, was andere erleben, doch sollten wir zu denen gehören, die geistliches Leben ermöglichen und nicht begrenzen.

---

5   Pierre Bourdieu, Sozialer Sinn. Kritik der theoretischen Vernunft, Frankfurt/M. 1987, S. 129.

3. Generativität versus Stagnierung

Wie ließe sich nun ein solcher Habitus näher beschreiben, mit dem wir uns jüngeren Menschen zuwenden? Ich möchte zwei Komponenten nennen, auf die es meines Erachtens ankommt. Und ich bitte diese beiden Akzente nicht normativ, sondern als Form des Optativs zu verstehen. Meinen ersten Gedankengang will ich als Generativität beschreiben. Populär wurde der Begriff bekanntlich durch den Freud-Schüler Erik Homburger Erikson.[6] Ursprünglich bedeutete Generativität so viel wie Erzeugung respektive Hervorbringung. In unserem Kontext meint es nun nicht die generative Vermehrung, also die Fortpflanzung, sondern das generative Verhalten, das heißt die schöpferische Zuwendung zu den nachkommenden Generationen. Erikson entwickelte hierzu sein Stufenmodell der psychosozialen Entwicklung. Nach diesem Modell ist jedes Alter durch eine bestimmende Entwicklungsstufe geprägt, die eine besondere Herausforderung besitzt. Für reife Erwachsene geht es um die Frage, ob und wie sie sich künftigen Generationen zuwenden.[7] Dabei geht es nicht nur um die Erziehung als Eltern oder Großeltern. Es dreht sich um mehr: Gelingt es mir, jüngeren Menschen ein fördernder und ermutigender Mensch zu werden? Bin ich in der Lage, eine Teilhabe an meinen materiellen und kognitiven Ressourcen zu praktizieren? Kommt es zu keiner Generativität, so Erikson, ist die Stagnierung die Folge: „Menschen, die keine Generativität entwickeln, fallen oft sich selbst gegenüber dem Gefühl anheim, als seien sie ihr eigenes, einziges Kind; sie beginnen sich selber zu verwöhnen."[8]

Wer mit diesem Modell vor Augen die Heilige Schrift anschaut, wird feststellen: Die Bibel ist eine große Anstiftung zur Generativität. Nach biblischem Verständnis steht der Mensch nicht nur als Individuum isoliert in seiner Zeit. Er ist vielmehr eingefasst in viele Generationen vor ihm und nach ihm. Die Geschlechtsregister und viele

6 Erik H. Erikson, Wachstum und Krisen der gesunden Persönlichkeit, in: ders., Identität und Lebenszyklus. Drei Aufsätze, übers. v. Käte Hügel, Frankfurt/M. [15]1995 (1973), S. 55-122.
7 Erikson, Wachstum, S. 117-118.
8 Erikson, Wachstum, S. 118.

Geschichten im Alten und Neuen Testament sind ein beredtes Zeugnis hierfür. Fürsorge und Verbindlichkeiten zwischen den Generationen gehören zum Leben dazu.

Eine Zwischenfrage sei gestattet: Sind Freie evangelische Gemeinden generative Gemeinden? Und: Sind frei-evangelische Pastoren generative Persönlichkeiten? Das lässt sich so genau natürlich nicht beantworten. Mein Eindruck ist: Mal mehr, mal weniger. Mir hat einmal ein älterer Christ eine Begebenheit aus der Nachkriegszeit berichtet. Damals entwickelte sich in seiner Freien evangelischen Gemeinde die Überzeugung, dass die Gemeinde mit ihren Gottesdiensten für alle Generationen bestehe. So weit, so gut. Das bedeutete allerdings im Umkehrschluss, dass es neben Gottesdienst und Bibelstunde keine Jugendveranstaltungen mehr geben durfte. Man hatte ja einen Gottesdienst für alle – auch wenn das nicht alle so empfanden. Alles andere sei als ein Affront gegen die Einheit der Gemeinde empfunden worden. Lange ließ sich das natürlich nicht durchhalten. Ich denke, mit einer generativen Haltung werden wir immer ein wenig pragmatisch gegenüber den gemeindlichen Ausdrucksformen der jüngeren Generation sein.

Neben der gemeindlichen Fürsorge gibt es freilich auch die persönliche, ja die pastorale Generativität. Die Bibel enthält viele solcher Darstellungen, in denen ein älterer Mensch sehr bewusst Zeit und Wissen in jüngere Menschen investiert. Ich nenne beispielhaft: Mose und Josua, Elia und Elisa, Paulus und Timotheus. Die Beispiele sind ja alle sattsam bekannt. Ich denke, ein springender Punkt ist, dass wir die generative Haltung allzu rasch instrumentalisieren. Ist es nicht so? Wenn wir uns als Pastoren mit jüngeren Generationen befassen, dann tun wir es meistens aus Überlegungen des Gemeindeaufbaus, der Evangelisation oder auch der Seelsorge. Wir wenden uns jungen Menschen zu, damit die Gemeinde wächst. Das ist ja auch nachvollziehbar.

Das Stufenmodell der psychosozialen Entwicklung von Erikson erinnert uns daran, dass die Fürsorge um die nachfolgende Generation auch eine andere Dimension besitzt: Wenn wir uns um die Jüngeren kümmern, hat das eine Wirkung auf uns. Das gute Miteinander mit der jüngeren Generation tut nicht nur der Gemeinde gut, es ist auch gut für uns. Es entspricht nämlich unserer kreatürlichen Anlage. Eine generative Grundhaltung gegenüber jungen Menschen ist – so denke ich – eine Schlüsseltugend für jeden Pastor und jede Pastorin. Ohne sie wird unser Dienst auf Dauer stagnieren. Wir werden als Theologen geistig verkümmern, unsere Charismen werden verblassen, und wir werden ziemlich unzufrieden sein.

4. Coolness versus Flexibilität

An dieser Stelle möchte ich auf den Zürcher Kulturwissenschaftler Harm-Peer Zimmermann verweisen.[9] Er hat sich Gedanken darüber gemacht, wie wir als Menschen der Moderne überleben können. Zunächst stellt Zimmermann fest, dass ein bestimmender Ruf der Moderne die Forderung nach Flexibilität ist. Und es ist ja so: Die heutigen Arbeitsverhältnisse erfordern eine ständige Anpassung und Angleichung der Mitarbeiter an die ökonomische Dynamik.[10] Ich denke, diese Beschreibung lässt sich mutatis mutandis auch auf den Beruf des Pastors beziehen. Es gilt einmal für seine geografische Mobilität, dann für seine Arbeitszeiten und auch für seine Flexibilität im Umgang mit Menschen. Freie evangelische Gemeinden sind ja kein monolithisches Milieu, sondern dort trifft man auf höchst unterschiedliche Persönlichkeiten. Und sie alle wollen gewürdigt und wertgeschätzt werden.

Harm-Peer Zimmermann hat nun eine Studie mit älteren Menschen durchgeführt und erfragt, was zum Gelingen des Älterwerdens beiträgt. Welche Haltung haben solche Menschen, die mit sich und der Umwelt ganz gut zurechtkommen? Die Haltung, die er herausdestilliert, nennt er „Coolness" oder auch „Alters-Coolness". Der Begriff „Coolness" ist ja ein Anglizismus und klingt stark nach der Jugendsprache vergangener Zeiten. Aber bei Zimmermann ist es ein hochinteressantes Theorem. Denn der Ursprung des Begriffes liegt nicht

9   Harm-Peer Zimmermann, Alters-Coolness – Gefasstheit und Fähigkeit zur Distanzierung, in: Thomas Rentsch / Harm-Peer Zimmermann / Andreas Kruse (Hg.), Altern in unserer Zeit. Späte Lebensphasen zwischen Vitalität und Endlichkeit, Frankfurt/M. 2013, S. 101-124.
10   Vgl. hierzu auch Richard Sennett, Der flexible Mensch. Die Kultur des neuen Kapitalismus, übers. v. Martin Richter, Berlin 1998.

in deutschen Englischklassen, sondern in der Zeit der US-amerikanischen Rassentrennung des vergangenen Jahrhunderts. „Cool" wollten die Nachfahren der Sklaven bleiben, wenn sie sich von der weißen Bevölkerung benachteiligt oder gar angegriffen sahen.[11] Und so definiert Zimmermann die Coolness als eine zu entwickelnde Haltung. Coolness ist eine innere Thermik, um die immer neuen und heißen Reize besser verarbeiten zu können. Es kommt darauf an, eine gesunde Distanz zu den immer neuen Impulsen der Umwelt zu gewinnen. Zimmermann stellt fest: Zufrieden sind solche Menschen, die eine Souveränität gegenüber der Flexibilitätsdiktatur gewinnen. Einfach formuliert: Willst du im Fluss der Flexibilitätsforderungen überleben, dann solltest du versuchen, dir einen coolen, abkühlenden Habitus anzueignen. Es geht dabei nicht um eine Anti-Haltung gegenüber allem Neuen, das gerade nicht. Das Ziel ist vielmehr, flexibel auf die überall geforderte Flexibilität zu reagieren.[12] Cool bin ich, wenn ich mir erlaube, eine persönliche Meinung zu bilden und sie gegebenenfalls auch öffentlich zu begründen.

In diesem Zusammenhang erinnere ich an das neutestamentliche Prinzip der Besonnenheit, der σωφροσύνη (sōphrosynē), die ja auch eine Gabe des Heiligen Geistes ist (2Tim 1,7). Bei ihr geht es um das Maßnehmen und das Maßhalten. Und dieses Maßnehmen ist ja bekanntlich nicht nur auf das Essen und Trinken zu beziehen, sondern ist auch ein Schlüssel zur Bewertung der Umwelt. Mithilfe meiner Besonnenheit kühle ich die hitzigen Impulse ab, die an mich herantreten.

Vor einigen Jahren stand ich während der Theologischen Woche bei einem älteren Kollegen. Irgendwie kamen wir auf theologische Trends zu sprechen. Und irgendwann atmete er tief durch und sagte sinngemäß: „Hier auf den Theologischen Wochen ist ja schon manches gefordert worden. Ausgebildet wurden wir als Prediger und Verkündiger. Doch dann kam es anders. In den Achtzigerjahren wollte man Seelsorger und Therapeuten aus uns machen. In den Neunzigern sollten alle Manager werden. Im neuen Millennium stand der Leiter

---

11   Zimmermann, Alters-Coolness, S. 114-115.
12   Zimmermann, Alters-Coolness, S. 121.

hoch im Kurs. Ja, und heute? Heute soll der Pastor am besten ein So-zialarbeiter sein, einer, der die Generationen und Kulturen zusammen-führt und Tafeln für die Bedürftigen organisiert." Er machte eine Pau-se, lachte und sagte: „Und mit Gottes Hilfe habe ich das alles bisher überstanden, und ich bin ein Pastor geblieben."

Man kann eine solche Aussage natürlich ausgesprochen kritisch deuten. Etwa so: Hier ist ein Pastor, der unwillig ist, sich mit neuen Gedanken und mit neuen Gegebenheiten auseinanderzusetzen. Und ja, wir kennen sicherlich alle solche Kollegen, die immer wieder die-selben Geschichten erzählen. Aber so habe ich die Aussage nicht ver-standen. Mein Eindruck war ein anderer. Hier stand jemand vor mir, der wirklich cool war. Ihm war es gelungen, in vielen Dienstjahren seinen Weg zu finden. In der Auseinandersetzung mit neuen Strömun-gen und Tendenzen behielt er trotzdem die Besonnenheit für das, was er wollte und vermochte.

5. Präfigurativ versus Postfigurativ

Eine praktische Überlegung zum Schluss. Ich beginne mit dem Stich-wort der „Präfiguration". Der Begriff wurde von der US-amerikani-schen Ethnologin Margaret Mead gebraucht.[13] Dem allermeisten, was sie publizierte, wurde mittlerweile widersprochen. In Erinnerung bleibt sie für ihre Darstellung von Lernkulturen. Sie unterschied zwi-schen drei Varianten.

Die erste nannte sie die postfigurative Kultur.[14] Hier handelt es sich um sehr traditionelle Gesellschaften. Wandel vollzieht sich dort nur langsam. So kommt es, dass man dort davon ausgehen kann, dass die Zukunft wie die Vergangenheit aussieht. Und so ist es auch kein Wunder, dass es die Älteren sind, insbesondere die Eltern, die ih-ren Kindern alles beibringen, was sie zum Leben brauchen. In ei-ner konfigurativen Kultur ist der Wandel rascher.[15] Man ahnt, dass

---

13   Margaret Mead, Der Konflikt der Generationen. Jugend ohne Vorbild, übers. v.
     Thomas M. Höpfner, München 1974.
14   Mead, Konflikt, S. 23-51.
15   Mead, Konflikt, S. 52-82.

die Zukunft nicht wie die Vergangenheit aussehen wird, aber man geht davon aus, dass sie beide noch miteinander korrespondieren. Die Weitergabe des Wissens geht immer noch von den Älteren aus, aber es sind in vielen Fällen nicht mehr die Eltern, sondern die Experten, also Lehrer, Meister, Professoren. Wir spüren, dass wir uns wahrscheinlich in diesem Kontext weitestgehend aufhalten. Doch wir merken auch, dass Dinge in Bewegung geraten. In einer präfigurativen Kultur ist in manchen Bereichen der Wandel so rasch, dass die Älteren den Jüngeren manchmal nichts mehr beibringen können. Die Generationen lernen teilweise nicht mehr voneinander, sondern auch immer öfter untereinander.[16]

Vielleicht hat jemand Ähnliches wie ich erlebt. Vor ein paar Jahren erwarb ich mein erstes Smartphone. Und da musste ich tatsächlich meinen Sohn fragen, wie man das Gerät entsperrt. Ich wusste es nicht, er wusste es aber. Das besagte Telefon mag als Metapher gelten. Es scheint: Den Älteren fehlt häufiger denn je der Zugang zur Gegenwart der Jungen. Und die Zukunft der Jungen können sie sich schon gar nicht mehr vorstellen. In der Pädagogik und auch in der Gemeindepädagogik entwickelt man darum einen neuen Entwurf: Das intergenerationelle Lernen. Und dieses generationsübergreifende Lernen versteht sich als Ergänzung zu den herkömmlichen Lernkonzepten.

Natürlich bleibt unwidersprochen, dass das generationsspezifische Lernen an vielen Stellen sinnvoll ist. Niemand wird im Ernst darauf kommen, darauf zu verzichten. Und dennoch beginnt man dieses bewährte Konzept durch das Modell generationsübergreifenden Lernens zu ergänzen. Das Ziel ist, dass nicht nur die Jüngeren von den Älteren lernen, sondern dass dies auch umgekehrt geschieht. Es kommt also sehr darauf an, dass die Generationen in einen lernenden Austausch geraten. Es ist an der Zeit, das generationelle Lernen von Alt zu Jung ganz bewusst durch das intergenerationelle Lernen zu ergänzen. Denn nur so erhalten wir einen angemessenen Zugang zur Welt.

Ich denke, dieser moderne Ansatz korrespondiert exzellent mit dem Neuen Testament und seiner Lerndidaktik. An vielen Stellen geht es in der Bibel um das Lehren und Lernen. Und natürlich

16 Mead, Konflikt, S. 83-113.

geschieht das Lernen von den Älteren zu den Jüngeren hin. Ich denke, dass dies eine Signatur einer Gemeindepädagogik ist und bleibt. Und dennoch gibt es auch einen Ansatz, warum Ältere von den Jüngeren lernen können. Ich meine die Begebenheit, bei der Jesus ein Kind in die Mitte stellt. Dies ist die biblische Magna Charta des generationsübergreifenden Lernens. „Wenn ihr nicht umkehrt und werdet wie die Kinder", so sagt er, „so werdet ihr nicht ins Himmelreich kommen" (Mt 18,3). Wie können wir als Pastoren und Pastorinnen von jüngeren Menschen lernen? In den USA entwickelt sich ein Ansatz, der sich „generations of faith" nennt und danach fragt, wie in der Gemeinde die Altersgruppen voneinander lernen können.[17] Ich möchte mich abschließend auf die Rolle des Pastors beschränken. Drei Aspekte des intergenerationellen Lernens werden in aller Regel immer genannt. Man lernt übereinander, miteinander und voneinander.[18]

Ich beginne mit der ersten Dimension. Hier handelt es sich um das Übereinander-Lernen. Das ist wohl die unspektakulärste Variante. Man hört oder liest etwas von der jungen Generation. Die zweite Variante ist schon etwas lebhafter. Hier geht es um das Miteinander-Lernen.[19] Das Voneinander-Lernen ist uns ebenfalls geläufig. Aber in den meisten Fällen kennen wir nur die hierarchische Version. Ein älterer Mentor begleitet einen jüngeren Pastor. Das alles hat seine Berechtigung, ist auf Dauer aber doch recht einseitig. Lernen können

17 Im deutschsprachigen Raum findet das Konzept seine Resonanz etwa bei Christian Hennecke / Anke Dörsam (Hg.), Generationen des Glaubens. Kontext, Modelle und Erfahrungen generationenübergreifender Katechese, München 2015.
18 Vgl. Andreas Messe, Lernen im Austausch der Generationen. Praxissondierung und theoretische Reflexion zu Versuchen intergenerationeller Didaktik, in: DIE – Zeitschrift für Erwachsenenbildung, II (2005), S. 39-41.
19 An den Universitäten ist es ja mittlerweile üblich, dass unter den Studenten immer auch ein paar ältere Semester sitzen. Das Problem ist allerdings, dass hier ganz unterschiedliche Motivationen des Lernens vorliegen. Dennoch halte ich den Ansatz für eine gute Idee. Es kann aber auch auf einer anderen Ebene verlaufen, etwa indem wir jüngere Menschen in pastorale Lernprozesse einbeziehen. Ein praktisches Beispiel: In manchen Gemeinden gibt es ein Gottesdienst-Team, in dem regelmäßig die Predigten und Gottesdienstgestaltungen besetzt werden. Man könnte diesen Prozess auch in die Jugendgruppe verlegen. Oder ganz bewusst auch jüngere Menschen zu solchen Treffen einladen. Ich bin sicher, dass die meisten unserer Predigten davon profitieren.

wir auch von den Jüngeren. Ich möchte dazu ermutigen. Grundsätzlich erscheint mir, dass ein solches generationsübergreifendes Lernen recht gut in der Form von „Dyaden", also Gruppen von zwei Partnern geschieht.

6. Fazit

In der Gemeinde ist das Miteinander der Generationen keineswegs trivial. Es wird schwierig bleiben, es wird aber auch gelingen. Es lohnt sich, seinen Habitus zu reflektieren und nicht auf die Hexis zu rekurrieren. Wenden wir uns der jungen Generation mit einer generativen Haltung zu. Denn das macht glücklich. Bleiben wir aber auch immer etwas cool. Auch das macht glücklich. Unsere Kultur wandelt sich rasch. Lernen wir also auch von den Jüngeren. Darauf kommt es an und daraus wird sich alles Weitere ergeben.

Welche Gemeindestrukturen passen zu einem soziologischen Kontext?

Konstantin von Abendroth

Ich darf etwas sagen zur Fragestellung: Welche Gemeindestrukturen passen zu einem soziologischen Kontext? Ich will allerdings konkret werden und von uns in Berlin erzählen. Daher habe ich die Frage geändert in: Wie reagieren wir beim Berlinprojekt mit unseren Gemeindestrukturen auf unseren soziologischen Kontext?

Als ich vor 12 Jahren nach Berlin gezogen bin, gab es noch viele nicht renovierte DDR-graue Altbauhäuser in meiner Nachbarschaft. Heute sehe ich davon in meiner Gegend so gut wie gar keines mehr. Das ist ein Charakterzug, der zeigt, dass unsere Nachbarschaften ihre eigene spezielle Note haben. Vor 25 Jahren alles abrissreif. Heute eines der angesagtesten städtischen Wohngebiete.

Das Berlinprojekt befindet sich im östlichen Zentrum Berlins. Unser Büro liegt im südlichen Prenzlauer Berg. Unser 10-Uhr-Gottesdienst findet in einer Sprachschule in Prenzlauer Berg statt, unser 11-Uhr-Gottesdienst im Kino im Bezirk Mitte und der 17-Uhr-Gottesdienst in einer Tanzschule in der nordöstlichen Ecke von Kreuzberg.

Die Hertie Berlin Studie[1] hat die Nachbarschaften, in denen wir wirken, mit dem sehr spezifischen Begriff umschrieben: Kreativquartiere. Wir leben in einer Situation, in der ganze Nachbarschaften von einer relativ homogenen Gruppe bewohnt werden. Man kennt das vielleicht auch von Neubaugebieten. Und man kann das auch in anderen Großstädten der Welt so beobachten.

Trotzdem – auch wenn es wirklich relativ homogene Nachbarschaften sind – werde ich aufgrund der Kürze ein wenig pauschalisieren.

Das Stadtbild unserer Nachbarschaften ist geprägt von Menschen im Alter von 25-45 Jahren und Kindern bis 12 Jahren. Die meisten

---

1 Helmut K. Anheier / Klaus Hurrelmann (Hg.), Die Hauptstädter – Berlin 25 Jahre nach dem Mauerfall. Die Hertie Berlin Studie 2014, Hamburg 2014.

sind zugezogen, haben ihre Heimat nicht in Berlin. Sie sind aufgrund ihrer Karriere nach Berlin gezogen. Ihre Arbeit ist ihnen sehr wichtig. Viele sind Single oder ohne langfristige Partnerschaft. Eltern werden sie sehr spät. Sie sind akademisch gebildet, an Kunst und Kreativität interessiert, und viele arbeiten auch in genau diesem Bereich. Im Vergleich zu wirklich großen Städten ist Berlin ruhig und langsam, aber ich persönlich finde so gut wie keinen einzigen Moment, in dem ich nicht Menschen begegne. Es ist nicht alles hektisch, aber man ist auch nie in Ruhe alleine.

Die Inkarnation Jesu ist für uns nicht nur Motivation, sondern auch Vorbild. Jesus ist nicht nur Mensch geworden, er ist Mensch in einer ganz konkreten Situation geworden. Er ist ganz Teil einer konkreten Kultur geworden. Das wollen wir auch.

Stichpunktartig will ich euch vier Punkte sagen, wie wir auf Aspekte unserer Umgebung mit unserer Gemeinde eingehen: 1. Die Singlehaushalte und das wenig häusliche Leben, 2. Das rastlose Leben, 3. Die unverbindliche Verbindlichkeit, 4. Beruf und Glaube.

1. Die Singlehaushalte und das wenig häusliche Leben

Ich beobachte, dass viele Menschen, die keine Familie haben, sich relativ wenig in ihrer Wohnung aufhalten. Essengehen ist in Berlin günstig. Cafés gibt es viele. Man geht nach dem Aufstehen aus dem Haus, direkt nach der Arbeit in ein Restaurant, danach noch etwas trinken und ist um 22 Uhr wieder zu Hause.

Drei Dinge haben daher unsere Gemeinde geprägt:
A. Die Uhrzeit von Abendterminen. Es ist für viele angenehm, wenn sie direkt nach der Arbeit zu Meetings kommen können. Lange Zeit war 19 Uhr oder 19:30 Uhr der beste Zeitpunkt. Für Eltern mit kleineren Kindern passen wir es hin und wieder mal auf später an. Aber noch immer ist diese frühere Uhrzeit schlichtweg besser.

B. Es gibt bei unseren Treffen häufig Essen. Ob es das Leitungsteam ist oder verschiedene Seminare, Arbeitstreffen etc. Sehr häufig kombinieren wir das mit einem Essen. Es ist bei uns die Ausnahme, dass Leute bereits mit der Familie gegessen haben.

C. Ich treffe Leute oft in Cafés, Restaurants, Bars. Ich besuche Leute eigentlich nie zu Hause. Aber ich bitte auch nicht alle in mein Büro. Wir treffen uns oft dort, wo *man* sich trifft: in den Cafés. Man kann in diesen öffentlichen Räumen die tiefsten Gespräche führen, Bibel lesen, gemeinsam beten und sogar zusammen weinen! Das zum ersten kurzen Punkt: Die Singlehaushalte bzw. wenig häusliches Leben.

2. Das rastlose Leben

Der Alltag der Menschen in unseren Nachbarschaften ist schnell und bunt. Man sieht, wie gesagt, ständig Menschen, ob auf dem Rad oder in den öffentlichen Verkehrsmitteln. Man geht viel essen. Das Smartphone ist überall dabei: Ob in der U-Bahn, auf der Toilette, während die Kinder neben einem spielen – das Smartphone ist ein ständiger Begleiter. Unser Wissensdurst oder die Sehnsucht nach Entertainment ist niemals wirklich befriedigt.

Wie wir darauf reagieren:
A. Unser Gottesdienst hat etwas Stetiges. Er ist geprägt von immer gleichem Ablauf. Es gibt Stille-Momente. Er hat eine nüchterne Atmosphäre, mit liturgischen Elementen. Das hilft, um runterzukommen. Für uns hat sich das bewährt.

B. Ich sehe mich selbst als ein Vorbild in der Begrenzung meiner Arbeitsstunden. In unseren Nachbarschaften wohnen zwar auch nicht wenige Leute, die im Staats- oder Stadtwesen aktiv sind und da eine sehr geregelte Arbeitszeit mit 39,5 Stunden vorfinden. Viele sind aber auch in der Kreativbranche tätig und arbeiten nicht selten 50 oder 60 Wochenstunden und mehr. Ich habe mir für die Phase, in der meine Kinder klein sind, ein durchschnittliches Wochenstundenlimit von 45 Stunden gesetzt. Und merke, dass ich damit in unseren rastlosen Nachbarschaften eine gesunde Prägung verbreite. Das zu leben, bedeutet eine ständige Auseinandersetzung mit der Frage meiner Identität. Ich will meine Identität in Jesus finden und nur begrenzt in meiner Arbeit.

3. Die unverbindliche Verbindlichkeit

Unsere Beobachtung ist: Eine Verbindlichkeit in herkömmlichem Sinn fangen Menschen erst an, wenn sie Eltern geworden sind und ihre Kinder in die Schule kommen. Das ist das erste Mal, dass Erwachsene Verbindlichkeit als etwas Selbstverständliches annehmen. Beziehungen können wechseln, Jobs können wechseln, Wohnorte können wechseln. Die Schulpflicht ist etwas sehr prägendes! In unseren Nachbarschaften sind die Menschen dann mindestens 40 Jahre alt.

Wie wir auf diesen großen Wert der Flexibilität und Spontaneität reagieren:

A. Wir bewahren unsere Sofagruppenleiter vor Enttäuschung, indem wir sie dahin prägen, immer mit Unverbindlichkeit zu rechnen. Sofagruppenleiter stellen wir darauf ein, dass sie an vorderster Front gegen ein besonderes Phänomen unserer Zeit kämpfen. Und sie werden diesen Kampf höchstwahrscheinlich nicht gewinnen. Daher ermutigen wir sie, bewusst diese Spannung aufzunehmen: Fortwährend nach dem Ideal zu streben, dass alle aus der Gruppe jede Woche da sind. Und gleichzeitig nicht enttäuscht zu sein, dass viele nicht mitziehen.

Diese Einstellung löst nicht alle Probleme, aber sie hilft, damit umzugehen.

B. Wir haben sehr viele Mitarbeiter, die wenig tun. Von Anfang an war unser Anliegen, nicht ständig über Mitarbeit zu sprechen und vor allem nicht die Atmosphäre aufkommen zu lassen, dass wir ständig zu wenig Mitarbeiter haben. Das bremst die Mitarbeitsbereitschaft. Lieber haben wir weniger Programme veranstaltet und uns aufs Wesentliche konzentriert. Mittlerweile suchen wir Mitarbeiter, die einmal in vier Wochen etwas Kleines mitmachen. Dadurch haben wir sehr viele Teams, und sehr viele Mitarbeiter. Doodle-Listen stehen übrigens hoch im Kurs. Gleichzeitig lassen wir die wirklich wichtigen Dinge von Angestellten machen. Auch mit geringfügigen Stellen kann man viel bewirken.

C. **Wir bieten projektbezogene Mitarbeitsmöglichkeiten an.** Mitarbeit nur für eine Wochenendfreizeit, nur für eine kreative Karfreitagsandacht, nur für eine Programmheft-Cover-Gestaltung, nur für ein Gemeindepicknick oder nur für einen ökumenischen Gottesdienst. So bekommen viele, die sich sonst nie verbindlich einbringen würden, die Chance, ihre Gaben einzubringen.

D. Als Letztes will ich die **Arbeit mit Kampagnen** nennen als Herangehensweise, wie wir mit der Unverbindlichkeit umgehen. Kampagnen sind ja im Bund weit verbreitet. Ich möchte trotzdem von unserer Kampagne erzählen, die am kommenden Sonntag beginnt. Denn die hat noch einen anderen interessanten Aspekt. Wir sind in einer Visionserneuerungsphase. In den Predigten greifen wir einen unserer Gemeindeaufträge auf und brechen ihn runter für den Einzelnen.

Wir motivieren gerade alle, sich für 7 Wochen eine Minigruppe von 3-5 Leuten zu suchen oder zu bilden. Und dann soll jeder für sich überlegen, wie man diesen Auftrag für sich leben will, wie man eine Vision für sich herausfinden will. Starten werde ich das am Sonntag mit einer Art Rahmenpredigt. Ich werde über Jeremia 29 sprechen: dass Gott die Israeliten auffordert, das Beste für die fremde und ja auch feindliche Stadt zu suchen. Also *für* die Stadt zu sein, ohne sich selbst aufzugeben. Die Stadt zu lieben, also konstruktiv kritisch und wertschätzend zu sein. Und ganz besonders fordert Gott auf, einen langfristigen Blick für diese Stadt zu bekommen. Für diese langfristige Perspektive will ich motivieren.

4. Beruf und Glaube

Der Beruf ist bei den Menschen in unseren Nachbarschaften ein sehr großes Thema. Nicht wenige haben selbst etwas gegründet. Die Startup-Branche ist bei uns groß. Oft ist die erste Frage beim Smalltalk:

„Und, was machst du beruflich?" Was man dann antwortet, entscheidet häufig das erste Urteil des Gegenübers.

Uns ist wichtig, das Thema des beruflichen Lebens mit in den Glaubensalltag und die Gemeindestrukturen zu nehmen. Konkret bieten wir jährlich die sogenannte Job-Zeit an, eine Wochenendkonferenz zum Thema Beruf und Glaube. Es geht dann um den biblischen Aspekt der Wertschätzung von Arbeit. Es geht um konkrete Herausforderungen in beruflichen Fragen. Es geht darum, Menschen aus gemeinsamen Berufsgruppen zusammenzubringen und sie gemeinsam sprechen zu lassen über die typischen Sünden der jeweiligen Berufszweige. Und es geht darum, die eigene Identität nicht im Beruf zu verankern, sondern in der Gnade Jesus Christi.

Soweit einige Gedanken, wie wir mit unseren gemeindlichen Strukturen auf soziologische Aspekte unserer Umgebung eingehen.

Geistliches Leben in den Generationen fördern

Ein Kurzimpuls zu einem drängenden Thema

Christof Lenzen

1. Zwei Schlaglichter aus dem Gemeindealltag[1]

Ich lese in kirchengeschichtlichen Ausführungen über die Geschichte unserer Freikirchen von den Gründungsvätern und -müttern und ihrem Lebensstil. Ihre geistliche Sehnsucht, verbunden mit einem regen Gebetsleben und einem ebenso intensiven gemeinsamen und persönlichen Forschen in der Schrift, beeindruckt mich immer wieder aufs Neue und frustriert mich gleichermaßen. Ich schaue auf mein manchmal getriebenes Leben und auf das Leben der Menschen in meiner Gemeinde und stelle fest – und mit dieser Feststellung bin ich sicher nicht alleine –: Das geistliche Leben erlebt eine tiefe Krise. Gebet und Schriftlesung fallen einem gefüllten Alltag zum Opfer. Übrig bleibt der schale Geschmack von Schuld und Scham, denn viele Christen spüren in sich die Sehnsucht nach mehr, schaffen es aber nicht. Das in uns verankerte Leistungsdenken treibt ausgehend von dieser Erkenntnis hinein in die Dunkelheit und verunmöglicht so erst recht eine fröhliche Glaubenspraxis. Andere Geschwister haben bereits kapituliert und sich mit einer Glaubenspraxis auf niedrigem Niveau zufriedengegeben.

Wir organisieren das 24/7 Gebet. Ein Raum voller Möglichkeiten, Gebetsformen, Zugänge zu Gebet und Wort. Die Liste füllt sich wie immer rasend schnell. Selbst in den Nachtstunden. Menschen machen tief gehende Erfahrungen in diesem Raum. Werden von Gottes Liebe und Nähe berührt. Also doch keine Krise der Spiritualität?

---

1 Maskuline Bezeichnungen werden aufgrund einfacherer Lesbarkeit verwendet, meinen aber beide Geschlechter ohne Gewichtung.

2. Einige Thesen

Der Aufgabentitel dieses Kurzimpulses suggeriert, dass Generationen verschiedene Formen von geistlichem Leben nötig haben und dass es bei der Vermittlung Probleme geben kann oder es in der Vergangenheit zu Reibungen kam. Ist das heute noch das drängende Problem? Dazu vier Thesen, die zur Diskussion einladen sollen:

These 1: Die Generationen unterscheiden sich immer weniger in ihrem – sofern vorhanden – geistlichen Leben. Die Kämpfe sind weniger geworden, das Unverständnis zwischen den Generationen auch. Nicht aufgrund größerer Reife, sondern aufgrund von These 2.

These 2: Das geistliche Leben unterscheidet sich mehr aufgrund des geistlichen und seelischen Entwicklungsstandes bzw. Reifegrades als aufgrund des biologischen Alters. Die Glaubenshelden aus der „oral history" einer Gemeinde, die morgens um 5 Uhr vor der Arbeit aufstanden, um eine Stunde Stille zu halten – sie sterben aus. Alte wie Junge schlagen sich mit denselben Fragestellungen des geistlichen Lebens herum, teilen dieselben Sehnsüchte.

Dazu kommt, dass die erlebten Formen der Spiritualität wie zum Beispiel Anbetung und Lobpreis längst auch Teil der Geschichte der heutigen Älteren sind und somit nicht mehr per se unter Verdacht stehen. Ich erlebe heute die gesamte Bandbreite postmoderner Spiritualität unabhängig vom biologischen Alter: Junge Menschen mit einem tiefen Zugang zur Kontemplation – und Alte, die liebend gerne Gott anbeten in Lobpreisliedern. Die drängende Frage nach dem „Wie" der Glaubenspraxis höre ich aber aus allen Generationen, auch wenn es von den „Alten" nicht immer gerne eingestanden wird.

These 3: Wir brauchen in einer individualistischen Welt auch eine Vielzahl von Zugängen, die den Menschen gerecht werden. Ich verstehe hier „individualistisch" nicht als Schimpfwort. Die zahlreichen Zugänge zum Gebet und zur Bibel sind ja da! Früher hieß es nur: Lies Bibel und bete durch die Liste mit Anliegen und gut ist's! In einer ausdifferenzierten Gesellschaft spürt der Mensch bei einem solchen „Pauschalzugang" zu Recht Unbehagen und will eine maßgeschneiderte, ihm angemessene Spiritualität entdecken. Und das ist durchaus gut so! Gott begegnet dem Menschen in seinem Sosein, in seiner

Einmaligkeit – diese zu entdecken bedeutet einen deutlichen Zuge-
winn an geistlicher Tiefe.

These 4: Die Aufgabe von Leitern ist es heute und immer mehr,
zahlreiche Formen und Zugänge der Spiritualität zu entdecken und
diese vermitteln zu können, auch wenn sie nicht der eigenen Prä-
ferenz entsprechen. Eine anspruchsvolle, aber spannende Aufgabe!
So gesehen ist der Pastor und Leiter auch Mystagoge, er nimmt an
die Hand und führt den Ratsuchenden in das Geheimnis der Gegenwart Gottes. Den Weg kann aber nur gehen, die Erfahrung kann nur
derjenige machen, der geführt wird. Gotteserfahrung ist nicht über-
tragbar. Diese neue Aufgabe eines Leiters setzt voraus, dass dieser
selbst sich an die Hand nehmen lässt und aus der Kirchengeschichte
und nicht zuletzt dem biblischen Zeugnis vorurteilsfrei lernt, wie
Spiritualität in Vielfalt gestaltet werden kann. Nicht zuletzt diese
Offenheit macht demütig gegenüber anderen Denominationen und
verbindet mit Geschwistern anderer Tradition, die ihrerseits von uns
lernen können.

3. Eine innere Haltung, die gesunde Spiritualität
   in der Gemeinde ermöglicht

Zwei Lobpreislieder markieren den äußersten Rand eines fruchtbaren
Spannungsfeldes. Werden nicht beide Pole dieses Spannungsfeldes
gleichermaßen wahrgenommen und gefördert, wird aus dem fruchtbaren ein furchtbares Spannungsfeld und es kommt zu unschönen Einseitigkeiten in der persönlichen und auch gemeindlichen Spiritualität.
Lied 1: Immer mehr von dir. Lied 2: Jesus, du allein bist genug.
   „Immer mehr von dir" – dieses Lied drückt die tiefe Sehnsucht aus,
mehr und mehr in das Bild Christi hinein verwandelt zu werden (2Kor
3,18), mehr von *ihm* zu erleben, zu erfahren. Sehnsucht macht Beine,
streckt sich aus, generiert Energie zum Weitergehen und Sich-weiter-
Entwickeln. Empfinden wir keine Sehnsucht mehr nach diesem Mehr
von *ihm*, stirbt unser Glaube, und das Herz sucht nach anderen, längst
nicht immer so heilsamen, Sehnsüchten, die dann falsch gefüllt werden. Jeder Leiter kennt Menschen in seiner Gemeinde, die seit Jahren

wie eingefroren erscheinen, die scheinbar nicht mehr wachsen und auch nicht mehr wachsen wollen. Sehnsucht nach Gott ist die natürliche Lebensäußerung eines Jüngers Jesu.

Sehnsucht braucht aber den Gegenpol des „Jesus, du allein bist genug". Dieser Pol drückt aus, was Inkarnation im Alltag bedeutet: Das, was ich ersehne, ist bereits hier, in meinen Umständen, in meinem Sosein und auch Zerbrochensein zu finden. Jesus wohnt in mir und zeigt sich in meinen Umständen. Hier und jetzt. Ich muss nicht da draußen suchen. Ich hechele keinem frommen Idealbild hinterher, sondern darf und kann hier beginnen. Selbst wenn ich gerade erst gefallen bin. Meine Sehnsucht erfüllt sich und findet ihr Ziel *jetzt*.

Was geschieht, wenn diese beiden Pole den jeweils anderen verlieren? Dann wird aus dem „Immer mehr von dir" allzu leicht eine geistliche Unersättlichkeit und Gier nach Erfahrung. Ungesund und zerstörerisch. Ich *muss* mich verändern, meistens aber: Die anderen und meine Gemeinde müssen sich verändern, nur so kann mehr passieren. Was auch immer dieses „mehr" ist. Geistliche Unersättlichkeit ist im Tiefsten Götzendienst, denn sie ersetzt Gott durch das, was er zu geben hat. Mehr Erlebnisse, mehr Wunder, mehr Veränderung, mehr „Kick".

Auf der anderen Seite verkommt das „Jesus, du allein bist genug" ohne eine tiefe Sehnsucht nach einem *semper reformanda* schnell zur leeren Orthodoxie. Zur Rechtgläubigkeit, die kein Feuer mehr in sich trägt und nichts Neues erfährt. Es ist, wie es ist, und unsere Vorväter haben Jesus so erlebt, und das soll uns wohl auch reichen. „Jesus, du allein bist genug" ignoriert ohne Sehnsucht nach mehr, dass der Geist den Horizont weiten möchte (Joh 14,12; 16,13) und lebendige Weiterentwicklung stattfinden soll und darf – in Gemeinde und im persönlichen Glaubensleben.

Dieses Spannungsfeld findet sich im Leben des einzelnen Christen und der Gemeinde als Organismus in ihrer Grundstimmung. Hier gilt es, beide Seiten in Spannung zu predigen und Schieflagen durch Lehre auszugleichen, aber auch durch persönliches Gespräch zu ermutigen, wo es zu Einseitigkeiten kommt. Es lohnt sich, diese Spannung zu halten – denn die Folgen von Einseitigkeit sind langfristig hoch.

4. Fazit

Der Pastor und Leiter ist aufgefordert, eine Priorität auf die eigene Spiritualität zu setzen, die oft unter viel Programm und Funktion leidet. Nur wer seinen Glauben fördert, kann andere hineinführen in ähnliche Erfahrungen. Dabei geht es nicht um Perfektion und ein neues gesetzliches Idealbild. Gerade das Ringen und Scheitern in der eigenen Spiritualität darf Thema sein – auch vom Leiter! Gerade diese vermeintlichen Tiefpunkte sind nicht selten Wachstumsbeschleuniger und ermutigen die Gemeinde auf ihrem Weg.

Eine echte Herausforderung wird es für einen Leiter sein, jedem Menschen in seiner Einmaligkeit zu begegnen und mit ihm oder ihr die maßgeschneiderte Spiritualität zu entdecken und eben nicht nur die eigenen Lieblingsformen zu fördern. Das verlangt Demut und Unterordnung, dieser Prozess ist ein Dienst am Anderen in seiner Einzigartigkeit.

Zuletzt brauchen wir Lehre über Gebet und Bibellese in ihren verschiedenen Ausprägungen. Lehre baut Vorbehalte ab und spannt den Horizont auf, der es einem Menschen in der Gemeinde erst ermöglicht auszuwählen. Verkündete Vielfalt ermöglicht entdeckte und erlebte individuelle Spiritualität. Diese Buntheit in der Gemeinde auszuhalten und sich gegenseitig stehen zu lassen – dazu kann Verkündigung helfen.

Erwartungen der Generationen an meine Person oder wie gehe ich mit den Erwartungen unterschiedlicher Generationen an meine Person um?

Ernst Kirchhof

1. Ein paar Fakten zur Gemeinde, in der ich arbeite

Die Gemeinde in Wuppertal-Vohwinkel ist 1893, also vor 123 Jahren gegründet worden. Sie ist entstanden aus christlichen Chören (gemischter Chor, Männerchor); damals war die Zeit der Gesangsvereine. Das ist übrigens ein Beispiel dafür, dass schon immer gesellschaftliche Trends Auswirkungen auf die christliche Gemeinde hatten. Ich erwähne das deshalb, weil bis vor ca. drei Jahren noch vier Chöre in unserer Gemeinde existierten (Gemischter Chor, Männerchor, Posaunenchor und Jugendchor). Für jeden dieser Chöre war ein Sonntag im Monat reserviert, den er musikalisch mitgestalten durfte. Heute gibt es in unserer Gemeinde nur noch den Posaunenchor und zu besonderen Anlässen einen Projektchor. Für die musikalische Gestaltung des Gottesdienstes haben wir eine Kirchenorgel, zwei Musikteams und fünf gute Pianisten.

Unsere Gemeinde hat knapp 240 Mitglieder. Im letzten Jahr haben wir 10 Personen durch Tod oder Weggang verloren. Gerade bekommen wir wieder 8 Personen durch Überweisungen und Aufnahmen dazu. Der Altersdurchschnitt unserer Gemeinde liegt bei Mitte 50. Etwa ein Drittel der Gemeindeglieder ist unter 35, ein Drittel zwischen 35 und 65 Jahre alt, und ein Drittel ist über 65 Jahre. Wir haben eine – wie ich meine – lebendige Jugendarbeit mit ca. 60-70 Jugendlichen im Teen- und Jugendalter.

Unsere Gemeindeleitung setzt sich zusammen aus fünf Ältesten (zwei im Alter von Anfang 60, zwei Anfang 50, einer Anfang vierzig) plus zwei Pastoren (einer fast 60, einer Anfang 30). Hinzu kommen noch sechs Diakone bzw. Bereichsleiter.

2. Welche unterschiedlichen Erwartungen der Generationen nehme ich wahr?

Zwei Vorbemerkungen:

a) Ich rede hier zunächst ganz bewusst allgemein von Erwartungen und noch nicht von Erwartungen an meine Person als Pastor. Denn zunächst richten sich die Erwartungen der Generationen m.E. an die Gemeinde. Erst sekundär werden diese Erwartungen dann auch Erwartungen an die Person des Pastors, weil auf ihn als Repräsentanten der Gemeinde die unterschiedlichen Erwartungen projiziert werden.

b) Als Zweites ist mir wichtig, bewusst zu machen, dass meine Wahrnehmung sehr subjektiv ist und von verschiedenen Faktoren abhängt. Die Faktoren, von denen meine Wahrnehmung abhängt, sind wohl folgende:

Wie offen bin ich gegenüber den Erwartungen anderer?
Und werden mir gegenüber die Erwartungen überhaupt ausgesprochen?
Wie sensibel nehme ich – auch unausgesprochene – Erwartungen anderer wahr?
Bin ich im Gespräch mit allen Generationen oder nur mit bestimmten?
Kann ich die Erwartungen anderer Generationen überhaupt nachvollziehen?
Mir z.B. fällt es schwer nachzuvollziehen, wie Teenager „ticken".

Von daher gehe ich davon aus, dass meine Wahrnehmung eingeschränkt und sehr subjektiv ist.

2.1 Erwartungen in Bezug auf die musikalische Gestaltung der Gottesdienste

Ich nenne einige Wahrnehmungen, die sich auf die Gestaltung des Gottesdienstes beziehen:

Vor ca. vier Jahren baten die Leiter unseres Jugendkreises den Ältestenkreis um ein Gespräch. Sie teilten uns mit, dass zunehmend Jugendliche andere Gottesdienste besuchen, weil sie sich in unserem Gottesdienst nicht mehr zu Hause fühlen bzw. empfinden, mit ihren Bedürfnissen nicht vorzukommen. Außerdem wird von Jugendlichen immer wieder der Wunsch nach einem „Anbetungsteil" im Gottesdienst geäußert.

Ein Ehepaar Ende 30 kommt nicht mehr zum Gottesdienst und äußert auf Nachfrage, dass sie den Gottesdienst einer anderen Gemeinde besuchen, weil dort der Gottesdienst und das Gemeindeleben „lebendiger" seien.

Nachdem wir mehr Jugendliche in die Gottesdienstplanung und -gestaltung einbezogen hatten, kamen zunehmend Rückmeldungen von Gemeindemitgliedern um die 60, es würden zu viele unbekannte und zu viele englische Lieder gesungen.

Da wir vermehrt die Liedtexte an die Leinwand projizieren – wegen der besseren Lesbarkeit ohne Noten – kam die Beschwerde, man brauche Noten, um die Lieder richtig mitsingen zu können. Öfter wird von älteren Gemeindegliedern auch betont, wie schön es doch sei, wenn die Orgel die Lieder begleite und dass das viel zu selten geschehe.

2.2 Erwartungen in Bezug auf die Predigt

Im Zusammenhang mit einer Umfrage zur Gottesdienstgestaltung wurde mehrfach der Wunsch nach kürzeren Predigten geäußert. Eher von den unter 35-Jährigen.

Außerdem haben viele den Wunsch nach mehr persönlichen Beispielen in der Predigt geäußert (quer durch die Generationen). Diese Erwartung kommt immer wieder auch in positiven Rückmeldungen nach Predigten zum Ausdruck, wenn solche Beispiele genannt wurden.

Bei einer Reihe von Leuten ist der Wunsch nach Visualisierung der Predigtpunkte in einer Präsentation da. Andere finden das eher störend.

2.3 Der Wunsch nach Erlebbarem im Gottesdienst –
Beispiel Abendmahlsgestaltung

Seit einiger Zeit bieten wir nach dem Gottesdienst die Möglichkeit an, für persönliche Anliegen beten zu lassen. Nachdem dieses Angebot am Anfang rege angenommen wurde, ließ die Teilnahme wieder nach. Wir beschlossen im Beterkreis, noch einmal in einem Gottesdienst Mut zu machen, dieses Angebot anzunehmen. Bei der Planung kam uns die Idee, das Gebetsangebot a) in den Gottesdienst zu integrieren und b) die Ermutigung nicht als einmalige Aktion vorzunehmen, sondern regelmäßig, indem wir das Gebetsangebot in die Abendmahlsfeier integrierten. Diese Form konnte auch – so unser Eindruck – das Anliegen verstärken, die Abendmahlsfeier nicht als Anhang an einen Predigtgottesdienst zu gestalten, sondern das Gewicht tatsächlich auf das Abendmahl zu legen. Das Problem: Wie aber kann man Menschen Mut machen, aufzustehen und für sich beten zu lassen, wenn dabei das Abendmahl durch die Reihen gegeben wird? Also beschlossen wir: Wir müssen die ganze Gemeinde in Bewegung bringen, damit Menschen die Freiheit haben, aufzustehen und für sich beten zu lassen.

Ergebnis: Die Reaktionen waren gespalten. Die einen forderten uns auf, zur alten Form zurückzukehren, diese Art sei viel zu unruhig. Die anderen sagen: Endlich haben wir eine lebendige Abendmahlsfeier und nicht mehr eine „Trauerfeier". Das angebotene Gebet wurde übrigens tatsächlich von deutlich mehr Menschen in Anspruch genommen als nach dem Gottesdienst.

2.4 Positionierung zu ethischen Themen, Beispiel:
Zusammenleben vor der Ehe

In unserer Gemeinde ist es inzwischen bei vielen Paaren so, dass sie schon vor der Eheschließung zusammenziehen. Wenn es junge Paare betrifft, gab und gibt es die unausgesprochene Erwartung von Eltern (nicht von allen) an die Gemeindeleitung, vor allem aber an die Pastoren, dazu doch bitte Stellung zu beziehen und den erwachsenen Kindern deutlich zu machen, dass das nicht Gottes Willen entspricht.

Kurz bevor ich Pastor in Vohwinkel wurde, ist das zweimal so praktiziert worden, und beide Male hat es heftige Konflikte, auch mit den Eltern, gegeben. Ein Paar hat daraufhin die Gemeinde verlassen. Danach bestand bei vielen die unausgesprochene Erwartung, nichts mehr zu diesem Verhalten zu sagen. Aus Gesprächen weiß ich, dass einige Eltern mit dieser Situation nicht glücklich waren, aber auch nicht den Mut haben, offen ihre Meinung dazu zu sagen.

2.5 Weitere Erwartungen an die Person des Pastors

Die bisher genannten Erwartungen richten sich nicht ausschließlich auf die Person des Pastors, sondern auf die Gemeindeleitung. Neben diesen genannten Konfliktfeldern nehme ich auch Erwartungen wahr, die sich auf die Person des Pastors konzentrieren: Zum Beispiel beim Biblischen Unterricht. Hier besteht eine deutliche Erwartung der Eltern (an meinen Kollegen), dass ihre Kinder doch unbedingt eine positive Beziehung zur Gemeinde behalten sollen. Problematisch wird das immer dann, wenn die Teenies sich in der Gruppe der Gleichaltrigen nicht wohlfühlen. Eine Erwartungshaltung speziell an den Pastor erlebe ich auch in der Begleitung der Alten und Kranken. Obwohl viele Gemeindeglieder Besuche machen und obwohl andere Senioren in ihren Familien aufgehoben und eingebunden sind, wird erwartet, dass ich als Pastor mich auch intensiv kümmere. Zeitlich komme ich da oft an meine Grenzen und ich empfinde es als große Herausforderung, mir kein schlechtes Gewissen zu machen.

3. Wie gehe ich mit den unterschiedlichen Erwartungen (der Generationen) an meine Person um?

Fünf Thesen
1. Ich mache mir bewusst: Es ist normal, dass wir als Pastoren mit sehr unterschiedlichen, oft widersprüchlichen Erwartungen konfrontiert sind. Das war schon immer so. Denn die unterschiedlichen Erwartungen sind nicht nur durch die verschieden geprägten Generationen

bedingt. Sie sind m.E. ebenso stark durch andere Faktoren bedingt, zum Beispiel durch unterschiedliche geistliche oder theologische Prägungen oder durch verschiedene Persönlichkeitstypen usw.

2. Mit unterschiedlichen Erwartungen umzugehen, ist eine der Kernaufgaben der Gemeindeleitung und des Pastors. Dabei können wir nicht alle Erwartungen erfüllen, und nicht alle Erwartungen sind unter einen Hut zu bringen. Aber es ist unsere Aufgabe, sowohl Einzelnen wie auch der Gemeinde zu einem konstruktiven Gespräch zu helfen, in dem die unterschiedlichen Erwartungen wahrgenommen, ausgesprochen und diskutiert werden können.

3. Zu einem konstruktiven und womöglich heilvollen Gespräch kann es da kommen, wo ich meinem Gegenüber – gleich welcher Generation – mit einer Haltung begegne, die von Wertschätzung, Einfühlsamkeit und Echtheit geprägt ist. Oder um einen anderen Ausdruck aufzugreifen: Ich sollte ihm mit der Haltung aufrichtigen Interesses begegnen. Um diese Haltung sollten wir uns jedem Menschen gegenüber bemühen. Denn schon das Bemühen darum wird in aller Regel dankbar aufgenommen und schafft Beziehung.

4. Zu einem problematischen Umgang mit den Erwartungen an meine Person kommt es immer dann, wenn ich entweder die andere Person oder meine eigene Person in ihrem Wert und ihrer Würde als erwachsenes Gegenüber missachte.

4.1 Ein problematischer Umgang mit den Erwartungen anderer entsteht dann, wenn ich meine, von mir würde erwartet, dass ich den anderen rette. Paulus schreibt zwar in 1Kor 9,22b: „Ich bin allen alles geworden, damit ich auf alle Weise einige rette." Dennoch ist es eine Missachtung der eigenen Person, nämlich eine maßlose Überforderung und Selbstüberschätzung, die in der Verzweiflung oder im „Burn-out" enden wird, wenn ich glaube, die Rettung eines Menschen hänge daran, dass ich seine Erwartungen nicht enttäusche. (Paulus hat keineswegs versucht, es jedem recht zu machen. Er hat die Menschen da abgeholt, wo sie waren. Dazu hat er sie akzeptiert und ist ihnen mit Empathie begegnet.)

4.2 Ein problematischer Umgang mit den Erwartungen an meine Person ist auch dann gegeben, wenn ich mich als Opfer dieser Erwartungen sehe. Wenn ich etwa zu allen möglichen Erwartungen Ja sage, obwohl ich eigentlich gar nicht will, z.B. aus Angst, nicht mehr gemocht zu werden. So werde ich zwangsläufig zum Opfer. Wenn ich zum Beispiel der neuen Abendmahlsform nur zustimme, um gemocht zu werden, dann stecke ich in einem Dilemma.

4.3 Ein problematischer Umgang mit den Erwartungen an meine Person ist auch dann gegeben, wenn ich aus Angst, zwischen den Erwartungen zerrieben zu werden, zum prophetischen Mahner werde. D.h. wenn ich mich weder auf die eine noch auf die andere Seite stelle, sondern ganz auf die Seite Gottes, der uns das Ideal vorgibt. Auf unser Thema bezogen hieße das: Ich steige aus dem Ringen um Lösungen aus und verlege mich aufs Kritisieren und Fordern, beklage z.b. die Oberflächlichkeit und Unverbindlichkeit der Jugend und zugleich die Trägheit und Unbeweglichkeit der Alten.

5. Drei Fallen, in die ich gerne hineintappe. Übrigens in der Transaktionsanalyse beschrieben als Dramadreieck von Retter, Opfer und Verfolger. Nicht in diese Fallen hineinzutappen, ist leichter gesagt als getan, angesichts der Vielfalt und oft Widersprüchlichkeit der Erwartungen an meine Person. Deshalb gehört es zu meinem persönlichen Umgang mit den unterschiedlichen Erwartungen, dass ich mir Unterstützung hole in einer Intervisionsgruppe.

4. Was heißt das für die Praxis? Dargestellt am Beispiel der neuen Abendmahlsform

a) Wir haben gemerkt, dass wir ein Forum brauchen, um Erwartungen aussprechen zu können und um Konflikte, die beim Aufeinandertreffen unterschiedlicher Erwartungen entstehen, besprechen zu können – auch damit wir als Pastoren nicht alleine zwischen den Fronten stehen. Deshalb treffen wir uns einmal im Monat zum Gemeindeabend, um solche Fragen miteinander zu besprechen.

b) Wir haben als Älteste beschlossen, die neue Abendmahlsform auszuprobieren, damit die Gemeinde Erfahrungswerte sammeln kann. Nach der ersten Erfahrung haben wir der Gemeinde gesagt, dass wir diese Form gerne fünf Mal einüben möchten. Und wir haben gefragt, ob Bedenken bestehen. Die Äußerungen waren zunächst sehr spärlich.

c) Nachdem die Abendmahlsfeier zum zweiten Mal in der neuen Form durchgeführt worden war, hat sich in der Gebetsstunde Widerstand geregt, als der Pastor nicht anwesend war. Die Teilnehmer waren sich einig, dass diese Form viel zu unruhig sei und man sie nicht wolle. Daraufhin haben wir das Thema am nächsten Gemeindeabend wieder angesprochen. Dort hatte man nun – erfreulicherweise – den Mut, die Bedenken auch öffentlich zu äußern und zu fordern, zur alten, bekannten Form zurückzukehren. Allerdings haben sich auch etliche zu Wort gemeldet, die die neue Form begrüßten, weil sie viel lebendiger sei, und die die Möglichkeit, für sich beten zu lassen, gerne beibehalten wollten.

d) Für uns als Pastoren ist durch die Gesprächsmöglichkeit eine viel bessere Situation entstanden. Bevor wir diese Möglichkeit der Gemeindegespräche eingerichtet hatten, wären wir Pastoren in einer viel schwierigeren Situation gewesen. Die Gefahr wäre viel größer gewesen, eine der oben genannten problematischen Umgangsweisen zu wählen. Im Rahmen des regelmäßigen Gemeindegesprächs haben wir einen Raum, die Gemeinde miteinander ins Gespräch bringen, unsere eigenen Gedanken mit einzubringen und nach einem gemeinsamen Weg zu suchen.

Einer neuen Generation dienen

Ziele für Jugendarbeit

Sebastian Straßburger

1. Einführung

Ich habe mich in meiner Masterarbeit an der Theologischen Hochschule Ewersbach mit dem Thema Jugendarbeit auseinandergesetzt und möchte einen kurzen Einblick in die Forschungsarbeit geben. Meine Arbeit trägt den Titel: „Ziele von Jugendleitern im Kontext ihrer Jugendarbeit – Eine qualitative empirisch-theologische Untersuchung im Bereich der Freien evangelischen Gemeinden im Großraum Hamburg". Die Arbeit ist in Kooperation mit der Stiftung FeG in Norddeutschland entstanden. In enger Zusammenarbeit mit Thomas Stracke, dem Jugendpastor der Stiftung. Anlass war der Wunsch, für das strategische Handeln im Bereich der Jugendarbeit wissenschaftliche Unterstützung zu erlangen.

2. Forschungsfrage und Ansatz

Die konkrete Forschungsfrage der Arbeit lautete: „Wie sehen die subjektiven Ziele von Jugendleitern in Bezug auf ihre Jugendarbeit aus, und wie beziehen sich diese auf die subjektive Wahrnehmung von unterstützenden und hemmenden Faktoren für Jugendarbeit?" Ansatz der Arbeit war ein empirisch-theologischer Forschungsprozess. Dabei wurden im Sinne einer Grounded Theory deduktive theologische Überlegungen und empirische Vorgehensweisen integriert, um zu neuen Hypothesen zu gelangen.

3. Jugendarbeit als Bildungshandeln der christlichen Gemeinde[1]

Ich wollte wissen, was man aus der gemeindepädagogischen Literatur zur Begründung von Jugendarbeit erfahren kann. In dieser Literatur spielt der Begriff der Bildung eine wesentliche Rolle. Daher beschäftigte ich mich damit, was es bedeutet, wenn man Jugendarbeit als Bildungshandeln der christlichen Gemeinde versteht. Aus den ausführlichen Überlegungen möchte ich hier nur einen Punkt herausgreifen und versuchen, ein theologisch verantwortetes Bildungsideal darzustellen. Jede Bildungskonzeption setzt ein bestimmtes Menschenbild voraus, das die Bildungskonzeption bestimmt. Etwa die Sicht des Menschen als Person mit unverlierbarer Würde, der im Prozess der Bildung Subjekt wird.[2]

Von der Bestimmung des Menschen zur Gottebenbildlichkeit lässt sich ein Bildungsideal christlich verantworten. Dabei knüpfe ich an Eberhard Jüngels Begriff der Entsprechung an[3] und schlage vor, bei einem christlich verantworteten Bildungsideal von Selbstentsprechung zu reden. Der Mensch ist immer schon Ebenbild Gottes. Er steht aber in der Gefahr, dieser Gottebenbildlichkeit zu widersprechen und sich damit schlechthin selbst zu widersprechen. Damit ist zugleich die Würde des Menschen ausgesagt, die jedem Bildungshandeln zugrunde liegt, als auch die Aufgabe beschrieben. Bildung in diesem Sinn bedeutet demnach die Selbstentsprechung des Menschen als Ebenbild Gottes.

Diese Bestimmung des Menschen zur Gottebenbildlichkeit führt Jüngel auch materialiter aus, was für die Bildungsdiskussion fruchtbar gemacht werden kann. Er arbeitet sieben materiale Bestimmungen des Menschen aus evangelischer Perspektive heraus.

Erstens geht aus Gen 1,26-27 hervor, dass der Mensch von Gott im Plural geschaffen wurde. Er entspricht Gott in seiner gemeinschaftli-

---

1 Straßburger, Ziele, S. 35-38.
2 Vgl. Bernd Schröder, Religionspädagogik. Neue theologische Grundrisse, Tübingen 2012, S. 232-249.
3 Vgl. Eberhard Jüngel, Entsprechungen. Gott – Wahrheit – Mensch, Beiträge zur Evangelischen Theologie 88, München 1980, S. 300-312.

chen Struktur. Der Mensch ist Ich in Bezug auf ein Du. Solipsismus ist für Jüngel daher eine gotteslästerliche Theorie.

Zweitens leitet sich aus der Schöpfungserzählung ab, dass der Mensch in seinem Herrsein über die Schöpfung Gott entspricht.[4] „Der Mensch – ein Herr: das heißt imago dei."[5] Dabei ist der Mensch nicht Herr über den Menschen, sondern in Gemeinschaft zum Herrschen bestimmt.

Drittens ist der Mensch nach der Auferstehung Christi dadurch bestimmt, dass er Mitmensch Christi ist. Die Auferstehung gibt der ganzen Geschichte des Menschen dabei ein eschatologisches Sein und gibt dem Menschen Zukunft.

Viertens gibt Christus dem Menschen Anteil an seiner Mitmenschlichkeit. Christus kommt dabei als der auferstandene Herr in den Blick, nicht ohne dass er zuvor Knecht der Menschen geworden ist. Der Mensch entspricht Gott daher in der Dialektik von Herr- und Knechtsein.

Fünftes widerspricht der Mensch seiner Gottebenbildlichkeit, wenn er sich zum Herrn über Menschen aufschwingt. Damit will er für den Menschen zum Gott werden und schadet sich und anderen.

Sechstens gehört zur Gottebenbildlichkeit des Menschen, dass er als Sünder auf die Rechtfertigung durch Gott ansprechbar ist. „*Hörend* ist der Mensch."[6]

Siebtens ist Sprache für das Menschsein konstitutiv. Auf der Grundlage seines Angesprochenseins ist der Mensch auch aussagendes Wesen. Mit der Sprache konstruiert der Mensch in der Gemeinschaft seine Welt und beherrscht diese.

4 Jüngel, Entsprechungen, S. 301-304. Die Herleitung Jüngels über den aufrechten Gang bleibt für mich nicht nachvollziehbar, dennoch entspricht das Herr-Sein meiner Einschätzung nach der Aussageabsicht der Schöpfungserzählung.
5 Jüngel, Entsprechungen, S. 303.
6 Jüngel, Entsprechungen, S. 309.

Bestimmung des Menschen	Bildungsideal: Selbstentsprechung als Ebenbild Gottes
gemeinschaftliche Struktur	befähigen zum Leben in Gemeinschaft
Herr über die Schöpfung	verantwortliches Handeln stärken
Anteil an Auferstehung / eschatologisches Sein	Ermutigung zur Zukunftsgestaltung
Anteil an Mitmenschlichkeit Christi	anleiten zur Nächstenliebe
nicht Herr über den Menschen	für Machtmissbrauch sensibilisieren
auf Rechtfertigung ansprechbar	Ansprache Gottes erfahrbar machen
aussagendes Wesen – Sprache	gemeinschaftliche sprachliche Orientierung

4. Pädagogisches Handeln in der Kinder- und Jugendarbeit

Ein weiterer theoretischer Impuls kam vonseiten der Pädagogik. Um pädagogisches Handeln im informellen Setting der Kinder- und Jugendarbeit zu verstehen, kann Jugendarbeit als eine Arena beschrieben werden.[7] In dieser Arena sind neben Jugendlichen auch Erwachsene anwesend. Dennoch geschieht ein großer Teil der Aktivitäten ohne deren direkten Einfluss. Jugendliche können sich in dieser Arena in Szene setzen, aber auch beobachten. Dieser Wechsel von Mitmachen und Rückzug kennzeichnet das Handlungsfeld. Was in der Kinder- und Jugendarbeit geschieht, ist daher hochgradig unvorhersehbar und findet unter den Bedingungen der Diskontinuität statt. In der Arena finden auch Wettkämpfe und Spiele statt. Diese

---

7 Vgl. Werner Thole, Verkannt und unterschätzt – aber dringend gebraucht. Zur Perspektive der Kinder- und Jugendarbeit als pädagogisches Handlungsfeld; in: Werner Lindner (Hg.), Kinder- und Jugendarbeit wirkt, Wiesbaden [2]2009, S. 323-339; Peter Cloos u.a., Die Pädagogik der Kinder- und Jugendarbeit, Wiesbaden [2]2009, S.16-19.

drücken reale Kämpfe der Jugendlichen um Anerkennung aus. In der Arena wird Zugehörigkeit hergestellt, indem diese inszeniert wird. Jugendarbeit entsteht somit wesentlich durch performatives Handeln.

Pädagogisches Handeln vollzieht sich in solchen Settings nach dem Typus „Andere(r) unter Gleichen".[8] Die Wendung klingt paradox. Sie zeigt aber eine Spannung an, die in den spezifischen Bedingungen des Handlungsfeldes begründet liegt. Unter den Bedingungen der Freiwilligkeit gleicht pädagogisches Handeln einem Hochseilakt. Einerseits kann das pädagogische Anliegen nicht zu deutlich pointiert werden, da Anerkennung und Zuspruch der Jugendlichen zu gewinnen sind. Auf der anderen Seite kann das pädagogische Anliegen aber auch nicht aufgegeben werden. Dabei folgt das Handeln drei Regeln. Zunächst gilt die Sparsamkeitsregel. Diese besagt, dass nicht jede Situation zur pädagogischen Einflussnahme genutzt werden kann, da das Verhältnis dadurch zu asymmetrisch werden würde. Dies könnte eine grundlegende Arbeitsbeziehung zerstören. Des Weiteren gilt die Regel des Mitmachens. Der Mitarbeiter kann sich nicht aus dem Geschehen zurückziehen als reiner Beobachter, er muss zeigen, dass er Teil des Geschehens ist. Dabei nimmt er an den Aufführungen, Spielen und Wettkämpfen teil. Dadurch, dass sein Spaß an der Sache deutlich wird, werden auch die Teilnehmer zur Aktivität animiert. Als drittes gilt die Sichtbarkeitsregel. Diese besagt, dass Mitarbeiter der Kinder- und Jugendarbeit mit ihren eigenen Werthaltungen und Normvorstellungen erkennbar werden. Dazu nehmen sie regelmäßig Stellung zu Äußerungen, Bewertungen und Handlungen der Kinder und Jugendlichen.

5. Dimensionen von Jugendarbeit

In Anschluss an Christian Grethlein[9] und unter Berücksichtigung der beschriebenen pädagogischen Überlegungen beschreibe ich vier

8   Thole, Perspektive, S. 328.
9   Christian Grethlein, Gemeindepädagogik, Berlin 1994, S. 228-233.

Dimensionen von Jugendarbeit, die so ähnlich auch in meiner Arbeit als heuristisches Konzept gedient haben.

Grethlein beschreibt in einem geschichtlichen Überblick, dass missionarisch-erweckliche, sozialdiakonische und partizipatorische Dimensionen in der Entstehung christlicher Jugendarbeit im 19. Jahrhundert zusammenkamen und dass Jugendarbeit heute alle drei bedenken sollte. Die Dimension der Zugehörigkeit ist aus den pädagogischen Überlegungen übernommen.

6. Gegenstandsbasierte Hypothesen

Aus dem empirischen Material ergeben sich für mich folgende Hypothesen.

1. Wo die Dimension der Zugehörigkeit als prekär wahrgenommen wird, da treten andere Ziele in den Hintergrund.
2. Wo die Dimension der Zugehörigkeit als förderlich wahrgenommen wird, da sind die Ziele der Jugendleiter vor allem durch ihr Frömmigkeitsbild geprägt.
3. Frömmigkeitsbilder wie „mündige Nachfolger", „leidenschaftlicher Glaube" oder „Lebensveränderung" lassen sich unterscheiden in Bezug auf a) ihren Alltagsbezug, b) die Bedeutung von Individualität, c) den Stellenwert einer Wende.
4. Vor allem die Bedeutung, die der Individualität zugemessen wird, wirkt sich darauf aus, welche Faktoren in der Jugendarbeit als förderlich oder hemmend gesehen werden.

7. Folgerungen

Meiner Einschätzung nach ist es eine wesentliche Grundlage für gelingende Jugendarbeit, dass es Jugendleitern gelingt, sich auf den Hochseilakt des Arbeitsfeldes Jugendarbeit einzulassen. Das informelle Setting unter der Bedingung von Freiwilligkeit fordert Jugendleiter dazu heraus, Andere unter Gleichen zu werden. Von besonderer

Wichtigkeit ist dabei die Fähigkeit, Zugehörigkeit performativ in Szene zu setzen und zu gestalten.[10] Darüber hinaus ist es nötig, dass Jugendleiter immer wieder die Möglichkeit bekommen, über ihr Frömmigkeitsbild in Bezug auf ihre Jugendarbeit zu reflektieren.

10 Bei der Diskussion im Workshop berichtete ein Verantwortlicher in der Jugendarbeit z.b. davon, wie er mit den Jungs seiner Jugendgruppe den „bro hug" als gemeinsame Begrüßung eingeführt hat.

Über die Autoren

Konstantin von Abendroth ist Pastor des Berlinprojekts im Bund Freier evangelischer Gemeinden.

Dr. Johannes Demandt ist Pastor der Freien evangelischen Gemeinde Düsseldorf.

Matthias Ehmann ist Pastor der Freien evangelischen Gemeinde Würzburg CityChurch, ab dem Wintersemester 2016/17 Lehrbeauftragter für Missiologie an der Theologischen Hochschule Ewersbach.

Dr. Wilfrid Haubeck ist Professor für Neues Testament an der Theologischen Hochschule Ewersbach in Dietzhölztal.

Dr. Andreas Heiser ist Rektor der Theologischen Hochschule Ewersbach in Dietzhölztal und dort Professor für Kirchengeschichte.

Ernst Kirchhof ist Pastor der Freien evangelischen Gemeinde Wuppertal-Vohwinkel.

Hansjörg Kopp ist Jugendpfarrer für milieusensible Jugendarbeit und Bezirksjugendpfarrer in Esslingen, Evangelische Landeskirche in Württemberg.

Dr. Tobias Künkler ist Professor für Allgemeine Pädagogik und Soziale Arbeit an der CVJM-Hochschule Kassel und Leiter des Forschungsinstituts empirica für Jugendkultur und Religion.

Christof Lenzen ist Pastor der Freien evangelischen Gemeinde Gera.

Mag. theol. Lars Linder ist Pastor der Freien evangelischen Gemeinde Essen-Mitte.

Dr. Arndt Elmar Schnepper ist Lehrbeauftragter an der Technischen Universität Braunschweig und an der Theologischen Hochschule Ewersbach sowie Pastor der Freien evangelischen Gemeinde in Bad Gandersheim.

Sebastian Straßburger ist Pastor der Freien evangelischen Gemeinde Garmisch-Partenkirchen.

Raphael Vach ist Pastor der Freien evangelischen Gemeinde Neukirchen-Vluyn.